20世纪
日本思想

杂交种文化

［日］加藤周一 著

翁家慧 译

生活·讀書·新知 三联书店

Simplified Chinese Copyright © 2024 by SDX Joint Publishing Company.
All Rights Reserved.

本作品简体中文版权由生活·读书·新知三联书店所有。
未经许可，不得翻印。

图书在版编目（CIP）数据

杂交种文化 /（日）加藤周一著；翁家慧译 . — 北京：生活·读书·新知三联书店，2024.3
（20 世纪日本思想）
ISBN 978-7-108-07752-3

Ⅰ.①杂… Ⅱ.①加… ②翁… Ⅲ.①文化研究－日本 Ⅳ.① G131.3

中国国家版本馆 CIP 数据核字 (2023) 第 244396 号

策划编辑	叶 彤	
责任编辑	周玖龄	
装帧设计	康 健	
责任校对	曹秋月	
责任印制	宋 家	
出版发行	生活·讀書·新知 三联书店	
	（北京市东城区美术馆东街 22 号 100010）	
网 址	www.sdxjpc.com	
经 销	新华书店	
制 作	北京金舵手世纪图文设计有限公司	
印 刷	三河市天润建兴印务有限公司	
版 次	2024 年 3 月北京第 1 版	
	2024 年 3 月北京第 1 次印刷	
开 本	880 毫米 ×1230 毫米 1/32 印张 7	
字 数	143 千字	
印 数	0,001－5,000 册	
定 价	56.00 元	

（印装查询：01064002715；邮购查询：01084010542）

"20世纪日本思想"丛书总序

日本的20世纪，大致涵盖了大正与昭和两个时期（1912—1989），这是经历了明治维新四十年淬炼而走上成熟现代化道路的一个特殊历史单元。然而，1945年的战败给日本带来了深刻的历史断裂，以此为标志，在民族国家乃至思想文化层面仿佛形成了两个"日本"，而无论是推行帝国主义殖民扩张政策最终遭到惨败的日本，还是战后迎来国家社会重建和经济文化高度发展的日本，这一百年的光荣与悲苦，都给东亚乃至世界造成强烈震撼与冲击。然而，至今，我们对这个复杂的近邻日本依然了解不多，特别是对支撑日本民族走过20世纪波澜起伏的历程的深层观念意识和思考逻辑所知甚少。

1945年的战败造成日本民族国家层面的"断裂"是明显的，其中的确有一个从战前天皇制极端主义国家向战后民主市民社会转变的过程，但是，思想文化层面的情形就复杂得多了。我们大概可以用源自19世纪的一般的种族文明论和20世纪初传入的广义社会主义思想，来分别概括日本战前与战后两个阶段的主流思潮，但实际上两者往往是交叉并进、彼此渗透且前后贯通的，构成了20世纪日本人思考国家民族进路及个人与社会建构的主要依据。种族文明论为民族主义和右翼国家主义提供了理论源泉，社会主义思想则推动了各种左翼进步势力的改革实践。而两种主流思潮交叉对抗又激荡出种种不同的观念学说和思想派别，由此形成了20世纪日本思想的丰富内涵。

能否以这两个主流思潮为线索，将看似"断裂"成两段的20世纪日本的思想学术作为一个整体介绍到中国来，由此加深对这一复杂认识对象的理解呢？这是我们多年前就萌生的一个念头，为了深入了解邻国的同时代历史和精神特性，也为了推动中国日本学和东亚区域研究的发展。众所周知，比起近代日本的中国学仿佛在解剖台上从里到外洞穿观察对象般高质量的精深研究来，现代中国的日本学尚不尽如人意，始终未能形成厚重的学术传统。这当然有种种复杂的历史与现实原因，而对于构成日本民族深层观念与思考逻辑的思想学术文献缺乏系统移译和研究，恐怕是一个重要的原因。况且，如今方兴未艾的区域史研究特别是"东亚论述"，也呼唤着关于日本思想学术的深入系统的研究。

20世纪是一个非常特殊的极端年代。资本主义世界一体化格局的形成，帝国主义征服战争与被压迫民族的反抗和社会革命，导致东亚区域内的各民族在不曾有的程度上被紧紧捆绑在一起，成为矛盾抗争乃至休戚与共的利益攸关方。这是一段你中有我，我中有你，缺少任何一方都无法叙述的历史，思想文化的历史更是如此。而在崭新的区域史和"同时代"视野下，深入开发现代日本的思想资源，也将能深化我们对于自身及与他者关系的认识，由此构筑起区域和平共生的发展愿景。

为此，我们发起这套"20世纪日本思想"丛书的编译计划。丛书以20世纪为限的原因如上所述，主要是考虑发端于明治维新的日本现代思想，到了20世纪才真正有了自己的主体特征和独创内涵，并深刻塑造了日本国民的思想方式和精神构造。因此，我们聚焦20世纪日本人文社会科学中曾产生广泛的思想与社会影响，包括为各学科发展奠定了基础的那些著作，从中精选若干种而汇成这套丛书。在具体编选过程中，我们主要考虑到这样一些原则。第一，从20世纪日本学说史的角度出发，选择具有学术奠基性和理论深度与宽度的著作。而在以历史学、经济学、社会学、政治学、人类学和东洋学六大学科为主体的人文社会科学当中，我们尤其注意人文色彩浓厚而具有思想冲击力的经典著作。第二，在学说史之上我们进而侧重思想史上那些影响广泛、带有观念范式变革和思想论争、文化批判性质的作品，力图由此呈现20世纪日本思想发展的内在逻辑和阶段变化。第三，尤其注重一百年来日本学人积极思考自身与中国乃至东亚关系所取得的重要成果，包括战前对于亚洲主义的构筑和战后于反思基础上形成的新亚洲论述，以及学院内外的战前"支那学"与战后中国学等。第四，也适当选择一些直击社会实际问题、带有纪实和评论性质的作品,它们以直接叩问当下的方式促进观念的转变和意识的更新,同样具有重要的思想史意涵。

总之,学术经典性、思想史价值、社会影响力是我们做出判断与选择的基本标准。需要说明的是,某些重要的著作由于已有很好的中译本,为避免资源浪费,虽遗憾而不再收录。同时,受限于知识学养,选目容有罅漏,还望学术界方家指正。

赵京华

2021年11月30日于北京

目　录

西洋游历途中关于日本文学的思考 …………………… 1

关于作壁上观 ……………………………………………… 10

日本文化的杂交种性 ……………………………………… 18

杂交种日本文化的希望 …………………………………… 41

翻译文学的伟大与悲惨 …………………………………… 58

日本人的外国观 …………………………………………… 69

日本人的世界观 …………………………………………… 89

松山的印象——民主教育的问题 ………………………… 157

日本的眼泪与叹息 ………………………………………… 185

接下来会发生的事 ………………………………………… 198

无条件投降与八头身 ……………………………………… 208

后　记 ……………………………………………………… 219

译后记 ……………………………………………………… 220

西洋游历途中关于日本文学的思考

一旦走出日本，从外部思考日本文学，就会看到现在的日本文学离开了古老的传统，正在效仿西洋，这看上去非常奇怪。全世界没有一个国家在做那样的事情。那些现代化进程晚于日本（还有和日本走不同道路）的亚洲大国，不论是中国还是印度，都是在输入西洋技术的同时，从自己国家的历史中寻找新的文学、艺术和思想领域的文化背景。

日本文化当然不如中国、印度的文化那么古老和宏大。但从外部看，日本文化具有相当鲜明的特征，它创造了一个独立的世界。至少在造型美术和文学领域是这样。主动放弃这些而去效仿西洋，还想要创造出什么东西来——没有比这更奇怪的事情了。在我们的传统之中，似乎还蕴藏着无数的可能，既可以从中汲取，也可以由此生发，至少我是这么想的。而且，我还有一个无法消除的印象，我觉得至今仍未能充分发掘传统的原因，就是懒惰。

不过，日本文学（所谓的油画家的情况大概也一样）效仿西洋的这种倾向，不仅源于我们对自己过去的文化理解不足，同时也源于我们对西洋的理解不足。尤其当我们效仿的对象不是西洋，而是"当下的"西洋的时候，我们的推测很多都是异常的。第一，如果把它当作随意效仿的对象，那么，这个对象和自己之间的差异过于巨大。若要问，把它当作效仿对象是否有可能跟它越来越相似，那么，这样的希望近似于无。理解当下的西洋文学，可以说，就是要认识到这个希望为无的事实。第二，不但是跟对象越来越相似的这个希望为无，大概也没有必要抱有这样的希望。从社会角度来看，西洋，准确地说是西欧，现在正面临着进退两难的局面，形势之严峻已毋庸赘述。特别是西欧在欧洲以外地区所扮演的角色已经严重落后于时代，而今后它想扮演其他角色的话，恐怕也非常困难。这一点也反映在了文化上。

假如有新的文化产生，大概只可能产生于欧洲以外的地方。当这种观点正在成为全世界的常识的时候，如果有一个亚洲国家把欧洲"当下的"文化——也就是即将衰亡的文化——当作效仿的对象，还把跟这种文化的相似当作唯一的理想的话，那就是一桩奇闻。

幸运的是，尽管比不上希腊人，但我们的过去还是有着丰富的文化。幸运的是，我们现在生活的地方不是欧洲，而是远东。总之，幸运的是，我们不是欧洲人。我们应该可以、也必须去做跟他们不同的工作。当然，我不是想说，不论在物质上，还是在精神上，现在日本文化的水准都高于西洋。我也不是想说，在日本生活要过得更加富裕。事实正好相反。但是，因为当今世界的问题都集中地反映在日本这个小岛上（当然，从普遍意义上来看，这是不幸的），那么，至少存在一种可能性，即这里会产生和未来相关的某些东西。如果日本的文学反映日本的现实，那么，从某种意义上来说，这应该要比西洋的文学反映西洋的现实来得更有积极意义。此时并没有出现这样的状况，但也不是无事可做，应该是有事可做的。对于文学者而言，生活在日本社会并不是什么不利的条件，反而是一个有利条件。毕竟这是一个充满了滑稽之处的国家，再出来一个斯威夫特①也很好；再者，这个国家很多人都嗜血好战，再出来一个戈雅②也不稀奇。我之所以既不是斯威夫特，也不是戈雅，并不是因为我是日本人，而是因为我没有他们的才能。实际上，我们的祖先敏于讽刺，且擅于粗描。

荒唐的是，有人想比法国人更加精通法国的新画，还想把那些获得著名文学奖项的小说从头开始一本本地全都翻译过来。（这是何等俗物，徇于何种私情，才会去吹捧那新画家，去让那新小说获奖！）最为不堪的是，那些二流文学家和机会主义评论家，仅凭着他们是洋人这一条，就任由他们来日本旅游后，既

---

① 斯威夫特（1667—1745），爱尔兰作家、政论家。作品以讽刺见长，代表作有《格列佛游记》等。（全书以序号标示的页下注，均为译者注。）
② 戈雅（1746—1828），西班牙画家。代表作有《1808年5月3日夜枪杀起义者》《查理四世一家》等。

不受驳斥，又不被质疑，轻松回国并写下关于日本和日本人的荒唐报道。西洋有名的文士往往都是些无聊之辈，甚至是无能之辈，就像日本那些有名文士往往也是如此一样。不论是在日本，还是在西洋，有名都不应该是一种格外受尊敬的为人资格。因为不是西洋才有艺术和文化的王国，西洋的国家只不过就是一个不同于日本的外国而已。

我想说的是，不要把西洋文学看作需要竭力效仿的理想，要把它看得跟印度文学、中国文学一样，就是各种外国文学的一种，而且，事实本身也是如此。这么看的话，我就不觉得现在的西洋文学很无聊。当然，无聊的文学也不少，但翻译到日本来的，大部分都是其中比较好的。我们接触这些也许会有所增益吧，即便在工作上是个无用功，但至少也算是一件乐事。因为世界在变小，到处都存在着同样的问题，当我们看到自己努力面对的问题，他人也正在努力面对的时候，就会感到一种深深的慰藉。新井白石*的时代，西洋很远，但现在不论是从最浅显的意思，还是从最深刻的意思来看，西洋都没有那么遥远了。

不过，有人会举例说现代化的问题。但从广义上来看，那是一个技术问题，至于现代化的动机，应该在日本自身当中去寻求，除此之外，别无他法。西洋的现代文学就曾是这样一种形式。所以——所以，别无他法。日本的文学不能效仿西洋的现代

---

* 新井白石（1657—1725），日本江户时代的政治家、儒学家。——编者

文学。西洋的情况是那样的，那么，日本会怎样，又能怎样，在这个结果出来之前，谁都不知道。谁都知道的是，日本的社会不会照着西洋历史的样子再重复一遍，日本的文学不会采用跟西洋文学同样的形式。比如，小说是西洋现代文化的产物。日本过去有日记文学，现在有私小说，但这些都不是现代的产物。所以，为了实现日本文学的现代化（实际上，需要现代化的是社会，而不是文学之类），就决心去搞西洋样式的文学，这样的决心就很荒唐。我们需要的，可能第一是文学，第二是日本的文学，第三是现代的日本的文学，而不是所谓的现代文学之类的东西。既然不存在具体的世界文学，那也就不存在普遍意义上的现代文学。

不过，还有人会说，西洋文学很有魅力。那肯定是有的。尤其是战争爆发之前的现代法兰西文学（绘画和雕刻也一样），从某种意义上看，它具有一种西洋现代文化总结的倾向。至于每个作家如何做出各自的总结，此处无暇论及。总而言之，这种文学、绘画和雕刻之中蕴含着历史的厚重，且设有某种机关，一旦触及这些内容，就必须回溯历史。它有一种特性，可不是照样效仿就能学得一二的。几乎所有的智力和感受力都会被它吸引。如果就这么被它吸引而无法从中脱离出来的话，那这事就跟日本文学没什么关系了。以前就有过这样的例子，今后也许还会有这样的例子。

不过，话题回到日本文学的话，那么，日本文学的动机就只是日本今天的现实，它的历史背景就只是日本的文学的历史。问题就在于，为了在此原则之上建构日本的文学，文学家乃至读者和西洋的接触，从本质上来说是不是有用。

对于这个问题，我现在还没法做出准确的回答。我只觉得这是必须要做的，不同的人做这件事肯定会有不同的做法。很难归纳出一般性原则。就算归纳出来也没有多大意义。意义从结果中产生。假设某人做工作，那么，回溯他的工作，就必定会产生他的方法和经验的意义。

夏目漱石阅读英国文学，又在英国生活了一段时间。这些事情有什么意义呢？看了英语文学讲义，也不会明白。看了英语文学讲义能明白的就是他学习很用功，这些事情即便能构成他成为大学教授的资格，却不能构成他成为文人的资格。不论学习多么用功，没有意义的东西就是没有意义的，这样的例子多到令人生厌。我们之所以想象漱石接触西洋这件事情可能有意义，是因为我们要阅读他的小说，特别是《明暗》（实际上，也许应该明确地说，只有《明暗》）。当然，分析一下，就会发现小说中有这样那样的西洋文学的影响。不过，这种东西，其他作品中也有，其他作品没有（或者有也很少）的是一种很难分析的、深入人的观念的方式。但那种东西不会因为很难分析，它的有或没有就变得模棱两可，它是《明暗》里面确实存在的、不容置疑的东西。不必着急忙慌地说它是西洋种的东西。那些都尚未可知，但可以说的是，它展现出了以往的日本文学所不具备的一面，也可以说它和西洋文学之间存在着某种联系。为什么呢？因为在那里观念凭借小说这个实体而存在。那里有一种柏拉图式的态度，而要让那些说法成立的话，我们就需要去想象，漱石和西洋文学的接触以及他的西洋体验，也许在其中发挥了某种作用。

这种想象的实体是很难把握的。不过，如果说接触西洋这件事情在漱石小说中发挥了某种作用，那么，很明显这个作用是间接性的。他去了英国，回来后写作、讲述英国文学。但他没有直接利用他的智识，乃至经验，乃至理解去写小说，反而是把这一切都忘掉（恐怕他是努力想要忘掉），作为一个生活在日本社会中的人，写了一部跟西洋没有任何直接关系的小说。他肯定已经知道，西洋文学里并没有什么能让日本小说家有意识地加以利用的东西。也许他觉得影响之类的东西越少越好。在此之上进行工作，如果西洋经验真的很丰厚，那么，这个人所有的经验就都会支撑他的工作，也就是西洋经验应该会在工作中发挥作用。漱石实际所做的工作就是把他所有的人生经验都投入到了工作之中。

如果阅读西洋的文学，游历西洋的城市，就能够对日本文人作为文人的工作发挥作用（一般来说，大概是没什么作用的），那么，我认为只能是通过漱石这种方式。也就是说，只有通过回到日本，忘掉西洋这种方式来发挥作用。我在游历西洋的同时对日本文学做了这样的思考。然而，我们并不是要让经验去发挥什么作用。游历西洋，并不是因为它将来可能会发挥作用，而是因为它现在就很有意思。游历也好，读书也罢，都是一样的道理。

如果不是这样的话，那它就不是经验，就变成了调查，或是变成了研究。调查是记者的工作，研究是学者的工作。新闻报道和学术，它们本来就跟文学或艺术没有任何直接关系。

日本的文学如果要生长，那也只能在日本、以日本的过去为背景来生长。接触西洋只不过是为日本的经验增加了一个要素而已。对有的作家来说，这个要素有很大的作用，但对有的作家来说，这个要素的作用没有那么大。不过，原则上，日本的文学不可以把西洋文学当作效仿的模本。自明治以降，日本就急于输入西洋的技术。与之相伴的是在文学和艺术上的大规模输入，这股潮流的兴起也是极其自然的事情。如今，日本的技术已经达到了一定的水准，整个日本到处都是翻译文学。如果说技术和学问把输入进来的西洋的方法作为基础，并在此基础之上实现自立式发展，那么，现在正是开始这种发展的好时机。如果说文学和艺术总有一天也能找到自己的道路，那么，现在正是开始寻找这种道路的好时机。这大概需要改变一直以来以西洋文学为模本、努力进行效仿的做法。我认为，改变做法之后，就应该能在日本找到一条新的道路。

当今世界，有international（国际）的文化，却没有cosmopolite（世界）的文化。而且，要加入international的文化，毫无疑问，其前提就是要发展national（国家）的文化。如果要效仿西洋，那就应该把西洋人的这些观点作为效仿的模本。

我在西洋游历途中形成了这些想法。实际上，并不存在所谓的西洋。英法海峡的两岸，莱茵河的南北，万事万物，皆不相同。相同的，不过就是飞机场而已（买张环球旅行的票急行军式的游客，就只游历了那些机场）。而且，那种把不同国家里的某个国家当作模本来进行文化建设的作家和艺术家，也不是没有，不过，有的话，也是极少数。而且，不单是那些西洋人，还有印度人，还有中国人，众所周知，他们都是文化上的国家主义者。在我所知范围之内，只有日本人是一个例外。

不过，真正思考日本文学的场所应该是日本，而不是西洋。我是一个旅行者。旅行者是一个抽象的、例外的存在。他远离自己的国家，在国外不用承担社会责任。从这个意义上看，我的思考也是抽象的、例外的，恐怕也是一时性的。也就是说，这篇文章，即便它是"某种感想"，却还远到不了"某种意见"的程度。

关于作壁上观

好奇心太强,是我的缺点。一有什么新东西出现在我眼前,几乎都会让我感到好奇。我想弄明白它是怎么设置机关的,为此花时费力。实际上,自从我踏上西洋游历之旅,已虚掷两年光阴,尽管如此,我也仍未对此做一个了断。

哈姆雷特:说实话,你为什么从威登堡回来?

霍雷肖:因为我生性懒惰。

我想,原因大概就是这个。我不喜欢"留学"这个词,说得有点太讨巧。单纯学技术的话,想学就能学,除此之外,还能从海外旅行中学到些什么呢?

有个词叫"作壁上观"。意思是不进到某个社会当中,而是从外部环视、俯瞰众生。进到社会当中,多少要承担某种责任。而且,还要在社会中持某一种立场。作壁上观就没有这些。它没有责任,不持特定的立场,对所有的立场都可以采取公平的态度。西洋游历必然是一种作壁上观。这就非常有趣,而有趣就足以让我满足，我可没有勇气再去主张要从那里学什么东西。

不过，西洋游历，却对游历的西洋社会采取作壁上观的态度——如果只采取这种态度的话，总的来说，这也只是我自己的好奇心和"生性懒惰"的问题。然而，一旦对日本社会也作壁上观的话，那就不能用生性之类的话来掩饰了。为什么呢？因为我是日本人。问题就出在这里。

我从远处看着日本，但日本不看我。在此条件下，也就是说，在我看日本的方法倾向于作壁上观这一点上，它跟我看西洋社会，而西洋社会不看我是完全一样的。当我看社会、社会看我，也就是我看社会的方法不再是作壁上观的时候，那只能是我在日本生活、看日本社会的时候。我在日本生活，也不一定就会这样，而且，实际上也不是这样。但如果我在日本生活，至少，有可能会这样。不作壁上观的可能性，还是有的。

不过，有摆脱作壁上观的必要吗？我觉得有。但它并不是那种只要摆脱掉就可以的恶甚至错误，把它当作一种工具，会给我们带来方便的知识。我觉得在不同的时间和场合之下，它给予我们的不是方便的知识，而是生死攸关的知识。为什么呢？因为要客观地判断一个社会作为整体的运作方式，就必须离开这个社会进行观察。客观地说，就是公平无私，不用承担责任。

比如，我看法国社会，就能比七嘴八舌议论的大部分法国人更快、更准确地对他们所议论的乱七八糟的事情做出一个结论。比如，战争的结局、对今后的预测等。然而，就算我的预测是正确的，我想，对法国社会来说，它也发挥不了任何作用。而且，不只是它发挥不了任何作用，我想，我的预测正确，它之所以成立的前提，就是我的预测发挥不了任何作用。说得普通一点，就是作壁上观能给出正确的判断，但这个正确的判断发挥不了任何作用。不只是偶尔发挥不了作用，而是发挥不了作用这件事本身，就是做出正确判断的条件。也就是说，事情在本质上的无益的、正确的判断就是作壁上观的结果。因此，假如我跟社会的关系原本是建立在"解释不是目的，改造是目的"的原则之上的话，那么，作壁上观就很不好办，比如，某些场合就得多少牺牲一些正确性，也要得到有益的判断、有用的判断。

这些想法并不是我在西洋游历途中思考的结果。在我出发去旅行之前，就想起战争结束之后我说的话、写的东西，发现里面存在着非常重大的错误，我在日本的时候差不多就已经产生了这些想法。重大的错误是什么呢？那跟我在战争期间的态度乃至判断没有关系，而是跟我在战争结束之后，对我在战争期间的态度乃至判断所加的解释有关。错误的不是成为解释对象的事实，而是解释的方式。就算那不是错误，至少也是极端片面的东西。得出一个极端片面的想法，这件事本身就已经是一种错误。

战争期间，我是一个学生。从学校毕业之后，我还是过着跟学生差不多的生活。总之，我没有立场去发表社会性言论，从这个意义上看，也就是没有立场去承担责任。而我关于战争的预测，从头到尾都是正确的。但当时那些发表社会性言论的人，他们的发言几乎全都是不正确的。——到此为止，这都是事实。战争结束，我开始发言的时候，既没有歪曲事实，也感觉没有必要去歪曲事实。

然而，战争结束之后，我给这些事实所加的解释，从某一点上看，是片面的，从其他点上看，是错误的，或者，至少是肤浅的。我是这么解释的。我的预测之所以是正确的，是因为我做了合理的推论（或者说是形势分析）。

这个解释是片面的。为什么呢？因为它急于夸耀预测的正确，而没有提及另外一面，即预测没有发挥任何作用。预测之所以没有发挥任何作用，我觉得那是被战争宣传所迷惑的社会的责任，但事实没那么简单。不管我的推测是多么合理，那也是因为我是学生。也就是说，那是因为：推论的结果没有社会性影响；对我来说没有任何责任；推测发挥不了任何作用。实际上，这些都是做出正确预测的前提条件。他们都错了。但我要是处在他们的位置，承担同样的责任的话，我也有可能犯错。我没有理由在那样的情况下仍然不犯错。为什么呢？因为我的战争经验不是那样的。我对待战争的态度是作壁上观。（当然，直到现在我都不认为自己在当时还有更好的态度。）那件事情没有错，错的是我战后的处理方式，就是我把自己作壁上观时得出的预测和判断，不加区别地处理成在社会发生变化时的预测和判断的那种方式。那是片面的、不正确的一种方式。

不过，作壁上观、站在不用担责的立场离开社会，这样的条件有可能得出纯粹合理的推论，有可能对社会做出某种客观的分析，但这都是我有意识将其简单化的结果。实际上，我们必须要考虑一个更为复杂的结构。当然，作壁上观肯定是把我从错误中给救了，那个错误就是所谓的带有主观愿望的观测，就是把希望和现实混为一谈的错误。不过，从带有主观愿望的观测中解放出来之后，就能够对战争那样复杂的社会现象做出合理的分析吗？那可未必。至少我在战争期间所做的预测不单是从合理的推论中得出的结论。所以，战争结束之后，当我把自己做的预测解释成是我的合理推论的结果的时候，我就犯了错误。作壁上观之所以能做出正确的预测，那可不只是因为排除了带有主观愿望的观测，毋宁说是因为它带来了一种把希望变得纯粹的可能性。

战争期间，我一直都在希望，不论是在日本，还是在全世界，民主主义能够获胜。这个希望不是分析局势之后得出的结论，而是分析和推论之前的存在。我在极为有限的范围内所做的分析和推论，和这个希望并不矛盾。我一直都抱着希望，但我并没有为了实现这个希望而努力地去实地、做实事。我只是在头脑中思考而已。这并非什么难事。去实地、做实事的话，会受到无数条件的约束，而这个希望不受那些条件支配，它是无益又无害，同时也是纯粹的，它作为一个判断的基础发挥作用。因为我所做的也并非某种带有主观愿望的推测。就算我做出了准确的预测，那难道不就是运气好，出来的结果正好是百分之五十概率中的那一半吗？没有任何客观的理由能予以否定。但是，我想，我的希望是现实的东西，它就是一种直觉所感受到的现实。没有任何客观的理由能证明这个想法是对的，但至少到现在为止，也没有任何理由能证明这个想法是错误的。我只是在此前提下有了这样的想法。而且，我认为，在战争期间，我可以作壁上观的这个立场，容易产生那样的希望或直觉。总而言之，作壁上观之所以能做出正确的判断，并不单纯是因为能做出合理的推论。判断的基础，与其说是推论，不如说是直觉。但不管怎么说，得出的结论本来就是无益的，对现实社会没有任何作用。

有这样一个故事。卡珊德拉曾预言希腊人的木马是危险的。特洛伊人不相信这个预言，把木马拉进了城，希腊人从木马里出来，烧毁了城市。是当时不相信预言的人一直在跟希腊人打仗，不是卡珊德拉在跟希腊人打仗。她大概也"希望"特洛伊城繁荣，但并没有为实现这个"希望"而去做工作。她一直都在作壁上观。然而，最后当奥德修斯的人从木马里出来的时候，她也会被杀掉……

在日本的时候，我认为这不能解释为卡珊德拉的悲剧或特洛伊人的愚蠢。

我踏上西洋游历之旅后，重新思考了这件事。因为我强烈地感受到，不论是对西洋，还是对日本，西洋游历很容易变成一种作壁上观。因为我还感受到，通过游历得到的判断是多么无力，知识是多么不具有生产力。不过，事到如今我之所以提起这些事情，有几个具体的动机。

其一，我和一位美国黑人诗人有过交谈。谈话的内容是来到巴黎后，西洋游历对他自己来说是多么危险。黑人诗人必须生活在美国的黑人社会。比如，他说，就算那里言论自由受到限制，但在那里说的话，也比在更有言论自由的巴黎发出的任何号召都要有分量。我说了自己的情况，说着说着就谈到了在西洋游历的我，和战争期间的我之间存在着一个相似点，就是作壁上观。（也有不同点。但当时没有提及，现在也不会在此提及。）

其二，我去英国的时候，阅读了一本牛津历史学者撰写的关于纳粹的历史书。那本书不仅让我回想起日本军国主义的历史，还让我认识到要对战争那样复杂的现象进行客观分析是一件多么困难的事情。在此我又更加坚定了自己的看法，即用完全实证性的程序，在不断进行推论的同时预测战争的未来，这是不可能做到的事情。但是，做预测——这个工作本身——当然是不能停。没有任何预测的话，就不能展开行动。因此，要做预测的话，就还需要除了纯粹的实证性推论之外的东西。那就是对事态的直觉性把握，除此之外，别无其他。现场的那种直觉的性质，是决定预测好坏的条件。但是，预测不仅要正确，还必须跟实际的活动联系起来。纯粹的实证性的预测是不可能的，但即便如此我还是要去做预测的原因，就在于这件事情对于实际的活动来说，本来就是必要的。作壁上观会让这个操作变得容易，但从这个意思上看，它自身内部就包含了矛盾。我想，直觉的基础不在中立地带，而必须要到活动的立场当中去寻找。战争结束后，我没有对战争中的自己展开批判——这个想法引导我对此事展开批判，并更加清晰地认识到它的极限。

不过，比起与黑人朋友的相遇以及阅读英国人写的书，还有一个更强的动机促使我现在去思考那些事情。那就是当今世界的发展，尤其是日本的形势发展。我从外部进行观察。而且，我清楚地感觉到了从外部进行观察的某种便利（判断上的）和限度（活动上的）。我想，我必须打破它，但一边作壁上观一边要打破它，就很不容易。问题就出在这个地方。此外，必须对形势做一个预测，就像上一场战争前后所做的那种预测，从某种意义上说，现在迫切需要做一个超过它的预测。跟我自己有关的问题就出在这件事情上。当国家朝着一定的方向进行整合的时候，这个整合的结果会怎样？妨碍整合的道路在哪里？关于这些点，是不可以因为得不出纯粹的实证性结论而弃之不顾的。

一般来说，西洋游历几乎不会提出什么社会问题。为什么呢？因为它就是对社会的一种作壁上观。不过，有时会提出个人的问题。为什么呢？因为不论在哪里，人还是一样的人。涉及个人的人生的问题和艺术的问题，西洋游历就不会作壁上观，反而能够直接地表现为感觉性的东西。战争期间的我和西洋游历时的我，这两个我完全不在同样的状况之中——这就是存在着最大不同的一个点，但我现在不涉及这个点。因为问题就在于，它本身就是一个独立的、复杂的东西。

日本文化的杂交种性

1

我在游历西洋途中思考日本文化，我认为，日本人与其研究西洋，不如研究日本，从研究日本开始展开工作的话，在学问和艺术方面会有更多成果。日本以前有过的文化，日本现在到处都有的问题，这些跟西洋的文化和问题相比，并非毫无价值，反而有很多有意思的点。之所以没有注意到这些点并将其展开，是有相应的理由的，但即便如此，至少在我，我觉得是因为自己的懈怠。接下来我打算开始工作，重新补救自己的那个懈怠。在工作过程中，应该可以逐渐看清一些具体的内容，比如，以前的日本，还有现在的日本，它们的哪些地方是有意思的。如果在这里讲一些抽象的原则，那一切将无从谈起。

不过，我游历西洋再回到日本时的那些想法，原则上并没有发生任何改变。说得更严密一点，就是原则没有任何变化，但在日本文化的问题这个一般性内容方面，我在游历西洋途中的思考和我回来之后的思考之间产生了一些内容上的偏差。所谓日本人必须站在日本人的立场这个原则，就是以日本的西洋化为目标去做工作也绝不可能解决日本的问题的原则——在我制定了这个思考的原则之后，就出来一个问题，即什么是日本人的立场？它的内容和那个偏差有关系。在游历西洋途中，我认为日本人的立场就是，没有任何西洋影响的日本式的东西，因为我觉得西洋的影响，除了技术性的方面，不论是在精神上，还是在文化上，都不过是些表面的、肤浅的东西。我一直观察着自己周围的西洋的街道。东京的西洋式街道跟它似是而非。如果要回想起日本跟它相似的东西，那我能想到的就只有京都那些鳞次栉比的老房子，它们是承载着悠久历史的文化的一种表现形式。不只是街道，如果拿塞尚的仿作和真品做比较，这种事情任谁都会觉得是愚不可及、没法讨论的吧。如果在游历西洋途中回想起日本的画，那我就只能追溯到北斋、光琳。对那些植根于日本的风土和古老历史的对于事物的看法和感受性，还有，对于风俗、习惯、艺术的整体，我的心里会不由自主地产生一种冲动，自发地想要接受它们。如果这样的心理活动是国民主义的话，那么，我在游历西洋途中思考日本人的立场的时候，我所思考的那些内容就都是国民主义。而且，我在英法两国生活期间，英法两国国民对本国文化的极端的国民主义态度，极大地激发了我的这些想法。报道过来的实例已经数不胜数，这里我就不再列举了。总之，从学问、艺术，到服装、生活方式的末端，都体现出英国式的特色；英国文化不像日本文化那样混杂，日本的医学是外国式的，美术是另外一种外国式的，生活方式却是日本式的。由此可见，英国文化没有一样是浅薄的，都承载着悠久的历史，都是稳定而调和的。把英国换成法国，大致情况也如前所述。英法两国并非没有浅薄的现象，这种事情当然是程度的问题。但至少跟日本相比，英法两国的文化纯粹是由传统的东西培养出来的——几乎所有在英法两国旅行过的游客大概都会注意到这一点。英法两国各自以不同的形式在不同的领域对外国文化抱有强烈的好奇心。但是，大多数情况下，它们不是去外国寻求对本国文化来说不可或缺的原理，而只是通过和外国的接触，使原有的原理变得更加丰富。至于原理，不论是英语文化的，还是法语文化的，它们看上去都是纯种的，都没有受过英语或法语以外的任何东西的影响。而且，很多英国人和法国人对此多少都有认识，并由此生发出一种文化上的国民主义。如果有游客对心理学感兴趣的话，自然会注意到这一点。于是，跟这些游客一样，日本人也很容易得出一个结论，就是在文化问题上，必须是国民主义的。事实上，这样的结论以前也得出过很多次，而在我游历西洋的这段时间，实际上也倾向于这样的结论。然而，这是一个错误的结论——夸张地说，我自己是在返回日本的轮船的甲板上，第一次看到日本海岸线的那一瞬间，清晰地认识到了这一点。

所谓我对日本的第一印象是这样的：近海的山和水边的松

林，松林的树荫底下露出渔村的白墙，水墨画上的山水清晰地映入眼帘——那古老而美丽的日本，是一个跟西欧完全不同的世界。这是我的一个印象。其他还有：船从玄海滩进入关门海峡后出现在右舷的是北九州的工厂地带——林立的烟囱冒出来的烟和熔矿炉里的火——那是积极而勤勉的国民创造的所谓"现代的"日本，是一个跟东南亚完全不同的世界。这是我的另一个印象。在神户上岸时，我的印象也完全一样。神户不同于马赛，也不同于新加坡，从外表上看，新加坡比神户更接近马赛，因为新加坡是殖民地，新加坡的西洋式街道并不是马来人为了自己的需要、用自己的双手建造的东西。对于那样的殖民地，从原则上看，它们的问题是很清楚的。要么成为殖民地，要么独立；要么是从国外进口的洋货，要么是国货。如果那样的地方的文化也出现问题的话，那就只有一种问题，即在纯粹的国民主义的方向上出现了问题。不过，神户的情况没有那么简单。港口的栈桥、起重机、街道上的西洋式建筑、风俗，所有的一切都是日本人为了自己的需要、用自己的双手建造起来的东西。新加坡的西洋式文明是为了西洋人，所有的一切都按照和马赛同样的尺寸制造的，但神户是照着日本人的尺寸来做的。西洋文明试图以这样一种方式扎根于亚洲的地方——除了日本，就没有别的了吧。它既不同于马来半岛，也不同于印度和中国。当我从外国回到日本的时候，这种不同，远比西欧跟日本之间的不同，更让我感到震撼。在西欧生活的时候，我对西欧和日本做比较，在思考日本式的东西时，会倾向于以传统而古老的日本为中心。然而，当我回到日本，我的想法发生了变化。我会比较日本和其他亚洲国家的不同，我必须要在日本的西洋化已进入深层次这个事实当中去寻找日本式的东西。这绝对不是说，我的关注点从传统的日本转移到了西洋化的日本。我开始思考，日本文化的特点不就是这么回事吗？——那两个要素在很深的层面相互纠缠在一起，哪个都不好去除。也就是说，如果把英法文化看作纯种文化的典型，那么，日本文化不就是杂交种文化的典型吗？我在这里使用"杂交种"这个词，既没有给它好的意思，也没有给它坏的意思。对于"纯种"这个词，也是一样。如果从好坏的立场来看，那么，纯种也有坏的地方，杂交种也有有价值的地方，反过来也是一样。不过，在进入这个问题之前，我想有必要说清楚一点，那就是所谓的杂交种，它的意思是针对根而言，它说的不是枝叶。如果要说枝叶的话，英法文化并非没有受到外国文化的影响。印度和中国则更甚，没有理由特地把日本文化区别开来，把它看作杂交种的典型。（印度和中国的情况，我还要再做些调查才能得出决定性的结论，但至少在我迄今为止所知的范围之内，它们和日本的情况存在着明显的不同。）

我举个简单的例子。有一个证据很好地反映了西洋种的文化是如何深刻地滋养了日本的根，那就是如果去除西洋种的话，日本主义者就无一例外地成了极端的精神主义者。有人主张日本精神、纯日本风的文学艺术，但同样这个人，他就不会主张什么纯日本风的电车和选举。因为这种事情是不可能的,而且,那些被称作日本风的东西,往往都是些精神层面的东西。实际上,那个称颂日本传统文化的人,他在书写自己的文章的时候,用的不是毛笔,而是钢笔;装订成书的时候,用的不是和式,而是西洋式样;谈到这本书的销量时,他会说,在英国是经典式的发展,在日本则是"受到了歪曲"——我感受到了资本主义机构的作用;在书房的时候,他可能穿着和服,一旦出门就穿洋服。也就是说,西洋种的文化已经以一种不可逆转的形式进入了日本人的日常生活。政治、教育以及其他大部分的制度和组织,都是仿照西洋的形制建立的。我再啰唆几句。尽管日本经济的下层结构依旧保留着很多"前现代的要素",但总算是勉强到达了垄断资本主义阶段——在这样的现状之下,如果还认为只有精神和文学艺术有可能在朝纯日本风格发展的话,除非是相当严重的精神主义者,否则不会有人持这种观点。日本主义者必然会成为精神主义者,在他们看来,不管日常生活和下层结构如何,精神肯定是独立于这些东西而生成文化的。不过,需要格外注意的是,基于这种观点进行讨论的材料,也就是立论所不可或缺的那些概念,本身就有很多是从西洋传来的,它们跟和风之间的距离可谓相去甚远。比如自由、人性,比如分析、综合等。要组织好一场辩论却不利用这些概念去说服别人,这从论题上看就是不可能的。日本主义者想要清理日本文化的杂交种性、回到日本的传统,而他们的精神在翻译过来的概念的培育之下,早已经变成了杂交种的,一旦去掉那些翻译过来的概念，他们的精神肯定会立刻停止活动。把日本传统文化和外国的影响加以区别，并挑拣出日本传统文化——这在今天的日本终归还是一件办不到的事情。

大众完全明白这一点。因此，杂交种是什么样，他们就照原样接受它，并在生活方式上下了不少有趣的功夫，但他们没有什么伟大的志向，非要把杂交种给纯化。而所谓的知识分子却对此胸怀大志，站了起来。知识分子对文化问题越有意识，就越会从各个方面攻击日本文化的杂交种性，思想上就越会倾向于把它纯化。明治以来复杂的文化运动的历史，一言以蔽之，就是知识分子对抗这种文化的杂交种性的历史。而且，在那样的前提下，必然也是失败的历史。

2

日本文化的纯化运动，暂且可以分为两种类型。第一种类型的基础是去除日本种的枝叶，对日本进行西洋化的一个夙愿；第二种类型的基础是反过来想要去除西洋种的枝叶，单纯保留日本式东西的一个夙愿。不过，这两个夙愿应该都不会实现。就算去除日本种枝叶的纯化运动顺利进行，也无法去除那些滋养着枝和根的日本式要素。因为它无法去除那些要素，所以，过一段时间之后，日本种枝叶就会再长出来。于是，接下来就会理所当然地兴起去除西洋种枝叶，把它整理成日本风格的运动。然而，在那种情况下，对枝和根的杂交种性，你是奈何它不得的，由于最终不能防止西洋种枝叶的再次生长，这个作用和反作用之间的连锁反应就会不停地持续下去。明治以来，一直存在着交替出现的两种倾向——只要兴起一股对日本文化进行纯粹的西洋化的潮流，就会立刻形成一个尊崇日本式东西的反作用力——即便到了现在，似乎也没有任何停止的迹象。

要停止这种恶性循环，方法大概只有一个。不管是纯日本化，还是纯西洋化，必须放弃那些试图把日本文化进行纯化的夙愿。英法文化是纯种，它们就这样，就挺好。日本文化是杂交种，它就这样，也挺好。就算它现在不好，那也可以先做个接下来会把它变好的口头承诺。也许有人会问，这种事情做得到吗？这得做了才知道，再说，我们也没有其他别的办法。——从图式上来看的话，结论就是这样。当然，实际问题并不像图式那么简单，在得出结论之前，还需要对日本文化纯化运动的实际情况进行更为详细的考察。

明治维新前后，在来自外部的强制性和来自内部的技术上的必要性的激发之下，发生了日本和西洋文化的接触。除掉例外的情况，明治思想当中既包含摄取西洋文化及日本的西洋化和国民主义的理想之间业已形成的对立的契机，同时又在总体上保持着一种互相依赖的关系。因为所谓的西洋文化，主要是指技术文化，而作为国民主义的工具，技术文化可以为增强国民主义发挥作用。"和魂洋才"这个词就很好地反映了明治时期的文明开化思想与富国强兵思想之间是如何紧密联结在一起的。

但是，如果应摄取的西洋文化超出了技术制度的领域，涉及精神领域的话，那么，它和富国强兵思想之间就会出现无法妥协的情况，从而引发一种比它还要复杂的、属于更深层意义上的国民主义的反作用力。基督教的传入就是一个典型的例子。由于反作用力的存在常常过于强大，基督教的影响可以说只是停留在一个非常有限的范围之内。（如果它的影响范围很大的话，那么，之后的日本文化的历史就应该会发生变化。不过，要做这种假定的话，到明治这个时代大概就太迟了些。日本基督教化的时机，恐怕不是在19世纪末的东京，而是在16世纪后半叶的九州。）

但是，一般来说，当技术、制度的输入进展到一定阶段，输入的东西就会开始自发性运动——就像基督教那样——即便它不会直接促使接受方在精神上发生变革，也一定会间接地改变那里的生活情感。风俗习惯变了，道德和审美意识就会在一定程度上离开传统的东西。"和魂洋才"这个原理，已经不能像在文明开化初期那样简单地成立了。"和魂"变成了必须有意识地加以保护的东西，而且，它变成了只有通过反对在纯技术领域之外的所有西洋化才能加以保护的东西。此时才会出现作为日本文化纯化运动中的一个类型的国民主义。

而且，其中一个类型出现的时间点，同时也是另一个类型出现的时间点。为什么呢？因为在输入技术制度之后，为了在这些输入的技术制度所创造的社会中生存下去，接下来就要开始输入生存所必需的思想。"洋才"与"和魂"之间的矛盾，会促使人们去理解"洋魂"，并表现为一场在与国民主义形成尖锐对立的同时，将日本文化进行广泛西洋化的运动。比如，洋乐与和乐，洋画与日本画，它们之间几乎以一种无法斡旋的形式建立起了对立的关系。如果感受性和审美意识领域已经如此的话，同样的原理不可能不涉及道德领域，进而涉及各种社会性问题的领域。照这样发展下去，日本社会西洋化的这个观点，最后就会随着历史主义的引入而拥有决定性的巨大影响力。——根据历史主义，还有基于历史角度的观点，日本的西洋化就是日本的现代化。为什么呢？因为按照依序发展的历史发展阶段论，西洋已经发展到了发达阶段，而日本恐怕还处于落后阶段。我们必须摆脱落后状态，对日本的封建性和前封建性进行清算，对国家进行纯粹的现代化改造。从这层意义上来看，那些想要把文化纯化，但又不倾向于国民主义方向的人，他们倾向的是现代主义。随着这两种倾向各自走向极端，二者之间的对立也会日益激化。

最近出现在文化运动中的各种对立性要素，比如，传统式的爱好和革新式的爱好，非历史性看法和历史性看法，对社会的保守立场和进步立场——从西洋文化和日本之间的关系这一点来看的话，这些对立性要素的大部分都可以还原为上述两种类型，即国家主义和现代主义之间的对立。而这两种类型以最为清晰的形式、最大的规模出现的时期，毋庸赘言，就是战争期间和战后日本被占领期间。（最开始的时期，是战败之后。狭义上说，就是

1947年镇压"二一罢工"之前；广义上说，就是1950年朝鲜战争爆发之前。这里没必要把二者的差异当作一个问题来看。）一直到战争爆发之前，国家权力还不曾有组织地介入到所有的文化领域。以天皇制为中心的富国强兵政策的教育得到彻底普及，比如，在思想、文学、艺术领域，权力的介入只限于必要的镇压，还不具备战争期间"国民精神总动员"那样的积极主动的性质。在日本式传统的基础之上对文化进行纯化的那种文化上的国民主义，就是一部分知识分子针对文化杂交种性的一种反应，可以说，它跟大众之间没有很深的关系，权力对此也并不热心。然而，跟战争一起被动员起来的，还有精神。作为增强政治上的国家主义的工具，文化上的国民主义在权力的积极帮助之下，得到了前所未有的大规模的重视。文化上的国民主义，早就不再是一部分知识分子的自娱自乐，它已经和大众之间建立起了某种联系。而且，针对那样的"国民精神总动员"，战后日本在完全不同的权力背景之下，展开了大规模的"日本的民主化"。跟战争期间不同的是，这一次它跟大众之间的联系是大众方面自发地来这里寻求支持。——至少在某个层面上，也可以这么说。不管怎么说，以战争为契机，文化问题得到了自觉的、有组织的应对。这样一来，源自日本文化特质的两种反应类型，即国民主义式类型和现代主义式类型，会出乎意料地以清晰到令人无法怀疑、百分之百具有典型性的形态接连出现。

如果把范围限定在思想和文学领域，那么，承担战争期间

"国民精神总动员"——也就是为了把战争正当化,就把天皇供奉起来,同时还把日本文化给供奉起来——工作的主要有两派,一派是京都的哲学家,另一派则是日本浪漫派。这些哲学家接受过西洋哲学的训练,他们用受训得来的方法把天皇制进行了"现代化"。只靠国学者之流的祓禊*来作为现代战争的意识形态,是发挥不了任何作用的。所谓的"超国家主义",它本身就是用舶来的工具组装起来的东西。对于纯粹的日本主义者来说,这样的情况让他们感到极度不适,但这也绝不是什么新事物,可以说在维新前后"尊王攘夷"论的发展过程中就已经出现了这样的问题。尊王论和传统的封建社会秩序紧密联系在一起,要应对时代的要求,它只有一个办法,那就是把自己发展成一种和封建性相对立的、现代式国家主义的、革新式的尊王论。也就是说,只靠传统的日本文化遗产,是没有办法创造出明治富国强兵式的国家主义的。为什么呢?因为这里所说的国家这个概念,它本身就是在某个"发达国家"被历史性地创造出来的东西。当时,"和魂洋才"这个概念被当作原则得到广泛使用的也就是在当事人的主观层面而已。现在回过头来看的话,当时需要输入的不仅仅是西洋的技术制度,在某种程度上还需要输入统一西洋化社会所必需的国家的概念。之后半个世纪,在所谓"资本主义最高阶段的帝国主义"战争年代,他们要把朴素的富国强兵式的国家主义进行

---

* 祓禊,日本神道的净身仪式。——编者

普遍化、合理化，以编造"大东亚共荣圈"理论，而实现这个目标所需要的方法，靠国学当然早就已经找不到了。不出所料，那些受过德意志哲学影响的京都的哲学家被"动员"起来，他们惯用辩证法，还灵活地用上了地缘政治学，把这事给办妥了。"大东亚共荣圈"理论里还有的别的那些东西，哪是什么本来就有的日本式的东西？它们就是最新潮的东西。在传统的概念式的框架之下，是不可能产生日本及其传统文化的世界史使命之类的观点的。而说到祓禊，我现在怀着思念之情回想起来跟祓禊有关的，也就只有几个纯朴的文学家而已。

跟京都的哲学家一样，日本浪漫派也包含了相当多新潮的要素，但他们比哲学家们干得要好。这跟文学领域没有强敌也有很深的关系。战前，左翼文学受到镇压后已经销声匿迹。所以当时的文学并没有广泛的社会性。而且，不仅没有广泛的社会性，就连在日本文学传统方面，几乎也没有任何的继承。（就连在日本文学传统方面都没有什么继承的话，那就更不用说什么在外国传统方面有所继承了。）不论是思想上，还是美学上，几乎没有什么能称得上是背景的东西。作家用某种方言汇报自己的私生活，立志成为作家的人去读它，而其他人读了是完全不得要领的，因为第一，生活不同，第二，感兴趣的对象不同。——可以说，这就是战前文学的特点。不过，当很多人开始关心战争和为了发动战争所必需的天皇制的时候，日本浪漫派接受的正是这个天皇制。而且，他们是在日本文学的历史当中接受这个天皇制的，甚至在某种程度上，成功地从那里提取出了独特的修辞法。不得不说他们的文学具有某种思想上、美学上的背景，通过接受大众关心的对象，恢复了与大众的联系。而且，他们不是通过西洋风格的理论和方法，反而是运用非合理性的、独特的日语修辞法来做这种工作的。所以，把日本文学纯化为日本式的东西，这个工作至少在形式上已经很完备了。——在文学某个特殊的、狭小的领域中，这样的事情也是有可能的。有问题的文学，当它的思想背景受到权力的保护，读者不会怀疑其可信度的时候，尤其如此。然而，一旦失去这样的条件，也就是一旦战争结束的话，那么，日本浪漫派显然没有必要的理论去说服那些对他们持怀疑态度的读者，去驳倒那些反对意见，去保卫自己思想上的立场。独特的日本式修辞法很快就露出破绽，在战后出现的所有问题上，它都没有发挥出任何作用。可以说，日本浪漫派的运动具有某种可能性，就是当他们朝着日本传统式方向对日本文化进行纯化的时候，仅靠利用战争期间的特殊条件就在一时间获得成功的可能性。它在一时间结束，绝不是因为偶然，而是因为从一开始它自己内部就有一个会让它在一时间很快结束的、决定性的理由。把传统式日本文学和西洋文学的影响对立起来进而去保护传统的想法注定是要失败的。为什么呢？因为最终我们都不能无视这样一个事实，即日本社会已经在某种程度上实现了西洋化。而且，这样的想法必定会产生反动性。为了去除西洋传来的要素，它只会去妨碍社会现代化进程的发展。在不产生反动性的情况下，不论是谁，不论他在哪个时代，不论他怎么想尽办法，最后都会逃离时代与社会，就像永井荷风*那样——他就是一个典型。

战后日本的"民主化"过程，不能简单地说成是一个战争期间国民主义的反面。不论如何，把它看作一种权力的强制的话，就很不严谨。至少在战争刚结束的时候，占领军的权力强制的是日本的统治阶级，让他们去接受民主制度，而不是强制大众。为什么呢？因为强制大众去接受大众的权利，这从语言上就不具有意义。然而，战争期间的权力，它没有强制统治阶级接受违背其意志的东西，却强制大众放弃其应有的权利。战中和战后这两种权力性质上的差异就在于此。不过，把大众的主观作为中心的时候，这件事也不一定就意味着大众主观上反抗战争意识形态，对民主主义持积极态度。事实并不是这样的。战争期间，至少在战争刚开始的时候，大众中的很多人主动接受战争意识形态，主观上没有被强制的感觉。然而，主观上没有被强制的感觉，从强制者一方来看，不过就是他们的强制手段高明而已。所以，这道理不会变成——高明的欺骗就不是欺骗。战后的民主主义不是欺骗，而是让人觉醒。但是，跟欺骗不同，让人觉醒这件事情，从性质来看的话，让人觉醒的一方是主体，所以，与其说是外来的权力让大众觉醒，不如说是外来的权力帮助大众觉醒，这么说就能很好地说明这件事情的本质。总之，民主主义得到了大众自

---

*　永井荷风（1879—1959），日本唯美派文学代表作家。——编者

发的行动上的支持，这一点和作为战争宣传的国民主义是截然不同的，因此，产生完全不同的结果也是理所当然的事情。事实上，通过战后民主主义所产生的一部分精神上的变化，它们已经具备了某种很难轻易地回到过去的性质。（这一点，我后面再讲。）

然而，日本的知识分子——如果这么说妥当的话，那至少是一部分知识分子——他们倾向于利用我之前提到的历史性观点去思考日本的民主化问题。如此一来，日本的民主化就变成了在日本建设现代市民社会。所谓现代市民社会，具体来说，就是美国和西欧，也正是我笼统地称为西洋的社会，所以，民主化即建设现代市民社会，同时它也意味着日本的西洋化，意味着要开始对封建式日本和现代式西洋进行比较。学者一边阐明西洋的现代式市民社会是多么合理、多么符合人性，另一边又分析日本的"现代"是如何被扭曲了的、"非典型的"东西，日本社会还残留着如何多的封建性的，或前封建性的，或一般意义上的前现代性的东西。在分析的同时，他们多少还存在着某种夸大事态的倾向，过分地赞美了西洋，过度地贬低了日本。至少从效果来看，他们给人留下的印象就是这样的。如果在这种印象的触发之下产生了当务之急是日本的西洋化且必须涉及所有方面的想法，那么，这个想法不就成了战中日本文化主义的反面了吗？——日本社会中那些陈旧的、不合道理的东西都是封建式的。不对，甚至会说成，日本所有陈旧的、不合道理的东西都是封建式的。电影里一旦出现母女意见不合，女儿就一定会说：所以啊，妈妈你就是老封建！而在三四年之前，这同一个女儿的哥哥出来责备父亲说：所以啊，爸爸你就是不懂新体制！不过，以前强调现代化的必要性、现在还在强调的地方，可不仅仅是社会结构和道德。它包括了所有日本式的东西——"日本式的"这个形容词，为此甚至都附带上了贬义的语感——比如，其中还包括了小说的结构。锐意进取的小说家曾试图把西欧现代小说的结构真正地照搬到日语小说中来。

一般认为存在着两重误解。第一，日本社会的诸多不合理，并非全都是由那个前现代性所造成的，与其说是那样，不如反过来说，很多情况下都是由那个现代性，也就是社会全面进入垄断资本主义阶段所造成的。何况把所有不合理都说成是"日本式的"，就更愚蠢了。如果母亲对女儿很严厉，不能完全理解女儿，那是不合理的。但是，不合理的原因，并不是母亲是封建式的，或是日本式的，而是因为她是母亲。只要日本社会实现现代化，母亲就能理解女儿，婆媳关系紧张就会消失——这就是一种夸张，当这种夸张过度的时候，就会在社会上形成一种误解。——为慎重起见，我先说明一下，我并不是想说日本式的家族制度也有好的地方。不论它有没有好的地方，由于它的坏的地方是决定性的、重大的，所以我认为只要有机会破坏，就应该抓住一切机会去破坏那个传统式家族制度。但并不是所有的亲子问题都能归因到日本式家族制度上去。我认为，就算社会实现了现代化，这个问题还是会遗留下来。从理论上看,到了理想的现代市民社会,婆媳之争很有可能会消失。要真是如此,那这地球上根本就没什么地方会有这样一个理想的现代市民社会。有种观点认为日本没有,但外国会有——这是误解的第二个方面,它包含了对西欧社会的想当然。还有种说法认为资本主义和议会制度在英国得到了"典型的"发展,而它们在日本的发展历史却偏离了这个"典型",是"被扭曲了的"东西——只要这些说法停留在客观性分析层面,也就是说,"典型的""被扭曲了的"这些词语里面不带有价值情感的话,那就没有任何反对它的余地。而且,这些说法,至少作为可能性来说,应该是可以停留在严密的、客观性分析的范围之内的。然而,一旦话题从资本主义和议会制度的历史性发展,转变为个人主义在英国的确立,只靠客观性材料进行客观性分析的话,就很少有能出来结果的。误解就发生在这个地方。一旦形成误解,所谓英国通诸君所说的话,就只是为了加深误解。就像以前中国通说中国人这个人种不行,英国通说英国人比日本人优秀。中国人这个人种很行。英国人有优秀的地方。这些道理谁都明白,但正如以前在英国生活过的有钱人家的儿子所说,并不是所有英国人都像贵族学校寄宿生那样有礼貌,也不像《泰晤士报》《曼彻斯特卫报》的评论员那样都对国内外政治问题持有合乎逻辑的观点。某位了解日本的英国人曾说过,为什么日本人相信日本就应该什么都不好,而英国就应该什么都好呢?要是对日本人的这些看法提出反对意见,他们还不高兴。

面对这样的现代主义，当然会产生反作用力。以文学为例，那些没怎么读过书的家伙开口闭口说什么日本文学传统就是私小说，而比他们再多读点书、读到京都浪漫派那个程度的家伙大概会去哪儿扒拉些稍微像样点儿的东西出来。当然，这样的反作用力最终也会在极其不彻底的情况下消失。如果一场运动不直接面对日本文化根本上就是杂交种的这一事实，并且不把这个事实当作根据，而只想从观念上对它进行纯化，那么，不管这场运动是现代主义，还是国家主义，它的工作不过就是修枝剪叶而已。不论选择哪种方法，其动机都是面对纯种时的自卑感。不管做什么事情，如果都从自卑感出发的话，那就无法理解并把握住真正的问题。而真正的问题就在于，我们要认识到文化的杂交种性本身所蕴含的积极意义，我们在根据它的规律加以灵活应用的时候，会看到怎样的可能性。

不过，文化的杂交种性当中真的蕴含积极意义吗？我当然认为是有的。但要说它是东西文化的综合什么的，那可真是我做梦都想不到的天真到家的想法了。

3

我说过，英法的文化是纯种文化。但欧洲的另一个文化王国——德国的文化，我却没有提及。从德法当中举出两三个具体的例子进行比较之后，就能搞清楚我没有提及的理由了。比如，歌德和拉辛。滋养拉辛的是希腊、罗马和法国的所谓拉丁文化的纯种系统，其他系统的文化对他的文学没有产生任何影响。然而，歌德不仅用意大利的文艺复兴、法国的古典主义和英国的浪漫主义滋养了自己的世界，晚年的时候，他甚至还从近东接受了所有能接受的东西。在这里讨论谁更优秀之类的问题，没有太大的意义。有意义的是，歌德很具体地展示了一个道理，那就是只有纯种的文化，并不是文化。但是，所谓德国古典主义文学和法国古典主义之间也存在着巨大的时代隔阂。还有，歌德在德国文化史当中是一个例外——这个观点暂且也是成立的。不过，通过对歌德和拉辛的比较，总结得出德法文化在性质上的差异（不是价值上的高低），这样的做法大概也能套用到其他很多情况中。比如，康德和卢梭，海涅和波德莱尔，托马斯·曼和瓦莱里。直到现在，情况基本上也没有什么变化。德国文学当中存在着某种程度上的杂交种性要素。我没有时间去分析每一位作家（实际上这里也包含了很丰富的问题），但显而易见的是，德国跟法国相比，在各自不同的情况之下，还是德国更具有杂交种性，而且，杂交种性也未必就是不好的意思。这不仅限于文学。发明对位法与和声音乐的不是德国人，但是，从巴赫到瓦格纳，没有任何一个音乐王国比德意志的音乐世界来得更加丰富多彩。

不过，德语文化也是西欧的文化。即便它是杂交种性的，也是属于那个框架内部的。超出那个框架的时候，杂交混合又会呈现出什么样的现象呢？我们不妨来看一下19世纪俄罗斯的例子，特别是契诃夫的情况，结合跟当下日本的关系来看，其中包含的很多启示都正好贴合当下。关于启示的内容，我之前也写过文章（《新日本文学》1955年2月号），这里就不再重复了。总之，19世纪末，俄罗斯在接受西欧文化的影响之后，产生了混乱，契诃夫积极地利用了这个混乱，并通过这个混乱描写出了当时欧洲文学所不知的人性深处的一面。他的主人公们受到欧洲的影响，但他自己没有受到影响，他站在一旁观察，所以看什么都很清楚——实际情况可没这么简单。契诃夫跟他的主人公们之间的差异，不正是作家受到的影响之深，已经到了主人公们的西洋崇拜根本无法企及的程度吗？契诃夫深入挖掘和探索杂交种文化的根。挖掘到最深处时，就会发现人性中最具普遍性的一面，已经不是纯种、杂交种的问题了——契诃夫的作品很清晰地反映了这一点。他晚年的时候曾说过：抓着一些枝叶，就嚷嚷什么国民主义、现代主义，那是滑稽剧；把那些事情全都汇总起来，就是喜剧；而斯坦尼斯拉夫斯基剧团把它们都认真地搬上舞台，那就是闹剧了。但这些话只是他在乡间别墅里的喃喃私语，好像谁也没听明白。

不过，总的来说，发生在俄罗斯的事情终归是基督教文化圈内的事。影响俄罗斯的西欧文化，在俄罗斯接触到的并不是完全异质的文化。要说形成了杂交种文化，那是因为它们从根本上就是同一种文化，所以才会变成这样——这个观点似乎也不是不能成立。实际上，比如拜占庭的影响向东西方扩展，15、16世纪俄罗斯的肖像画和锡耶纳的早期艺术在其影响之下所形成的风格惊人地相似。尽管时代不同，但把两者并列在一起，就能发觉它们已经形成了同一个世界。之所以说时代不同，是因为俄罗斯受文艺复兴风格影响非常晚，而早期艺术也保存到了17世纪。跟邻近的佛罗伦萨相比，锡耶纳受文艺复兴的影响也要晚得多。所以，比较锡耶纳和俄罗斯肖像画，调查拜占庭和文艺复兴的关系，从这个关系入手，思考从希腊正教拜占庭得到滋养的俄罗斯是如何接触发源于文艺复兴的西欧文化的——这是一个非常有意思的问题。但在这里思考外国有意思的问题不是我们的目的，我们的目的是要弄清楚日本的问题是多么有意思。

如果在基督教圈外，西欧文化邂逅了跟自己完全异质的文化，会发生什么？这才是日本文化的基本问题。新加坡和中国香港不会出现这样的问题吧，就算出现了这样的问题，也不会像日本那样具有深刻的含义。这个问题只存在于当下的日本，而且，在日本以外的地方，以前也从来没有出现过这样的问题。我们除了试着去探讨之外，没有其他办法能对它做出具体的预测。它是一个很值得去探讨的问题。这就是我们现在所处的文化环境，即彻底的杂交种性所具有的积极意义。

战后民主化过程所产生的精神变化中存在着某种东西，就算后来有复原力量的加入，也无法使它轻易地恢复原状。这个不再复原的东西，就是日本人作为人的自觉，而不是作为枝叶嫁接过来的西洋文化的输入。问题就是，我们要从中得出可以得出的结果。或者，反抗复原力量，进一步推动自觉的进程。西洋现代市民社会不是我们要达到的目标，而是我们展开工作时与日本社会进行比较的一个参考。第二次世界大战之后，各种各样的社会问题，不论是政治的，还是经济的，都存在着国际化的倾向。在这样一个时代，理解外国，应该能够为更好地理解本国而发挥作用。没有任何理由为日本文化的杂交种性而唉声叹气。相反，它允许我们去做一个只有我们才能做到的实验。而且，如果为了完成这个困难的实验需要激励和鼓舞的话，那么，我们可以回忆一下自己遥远的祖先，而不是别处的外国人。跟我们一样，他们也曾面临无数困难的实验，却都出色地完成，并取得了丰硕的成果。当佛教进来的时候，他们积极地接受它，并最终把它变成了日本佛教。本地垂迹*没有什么积极意义，但日本佛教却很有价值。如果就它的艺术表现来说的话，那就是我找不到任何理由非要抛开运庆**而奔向多纳泰罗***。我们现在不雕刻无著上人像，不是因为现在日本文化的杂交种性靠不住，而只是因为我们已经失去了依靠文化的习惯。

---

* 本地垂迹，中世日本佛教兴盛时的一种信仰理论，认为佛为了普度众生，化身为日本的神在日本显现。——编者
** 运庆，生卒年不详，日本平安、镰仓时代最具代表性的佛造像大师。——编者
*** 多纳泰罗（1386—1466），意大利文艺复兴时期的雕塑家、画家。——编者

杂交种日本文化的希望

1

日本文化问题的出发点是认识到日本文化是杂交种这一事实，从这一事实中找到积极意义就是目的。*因为不单要在字面上，更要在坚实的基础之上找到积极意义，这也就意味着要不断地创造出文化。但也不是完全不能就这个问题事先做出某种程度的预测。

做这个预测的出发点，就是战后所谓的民主主义在日本国民

---

* 日本文化是杂交种文化。这不是说现在的日本文化在枝叶上受到了西洋的影响，而是说现在的日本文化在根本上就以无法去除的方式吸收了传统文化和外来文化两方面的营养。之前我就说过这样的话（和竹内好的对谈——《读书新闻》1955年4月4日号），也详细地写文章做过说明（《日本文化的杂交种性》，《思想》1955年6月号）。所以，这里我就不再重复"日本文化是杂交种文化这一事实"了，这里的问题是杂交种文化这一事实能够具有什么样的意义。——作者原注

中间产生的影响里面那些没有随着时间流走的部分，或者，说得具体一点，就是那些很难倒退回去的要素。为什么呢？因为西洋文化的基础里面有大众的人的自觉，这种自觉是《人权宣言》诞生的根源。如果在跟西洋无关的条件下，我国的大众怎么都达不到产生这种自觉的状态，那么，学者和艺术家再怎么去留学，再怎么解读洋文书籍，西洋文化也不会成为一个为了创造我们的文化而发挥作用的要素。如果它不能成为一个为了创造文化而发挥作用的要素，那么，由于影响力的不断扩大，它就会成为一个为了扰乱文化、破坏文化、让赝品和仿作充斥文化而发挥作用的要素，正如我们在银座街头看到的那样。为什么会有人忍不住提出所谓"日本式的"东西？这就是原因所在。

不过，我们先要搞清楚战后民主主义时代到底发生了什么。换句话说，按照《人权宣言》所定义的人的自觉，它在多大程度上已经深入到了大众当中？这种事情靠舆论调查是没法轻易搞清楚的。它应该只有在反动力量不断增加、倒退进程持续推进的时候才会变得清晰可见。现实中，倒退的努力遭到了相当有力的反抗。比如，接受社会课教育长大的孩子，原则上已经获得包括选举和受教育在内的男女平等权利的女性，获得土地并开始认为所得即当得的年轻的农民，还有战后十年间在工人运动中得到锻炼的有组织的工人，以及对世界局势变得比战前更加敏感的知识分子——当然，不是所有人，但却是不能忽视的一部分人，他们的思考方式和感受方式都发生了变化，轻易不会再倒退回去。比如，就算恶意修改教科书，给教师施加压力，义务教育也绝不会倒退回天皇制教育。从一度获得土地的农民手中抢走土地，把一度以某种形式接触到社会的女性赶回家族制度的淳风美俗中去——这些工作如果只是将对美国制民主主义的反感作为手段的话，那是无法轻易开展下去的。为什么呢？因为对农民来说，他们的问题既不是美国也不是天皇，而是自己的土地。对女性来说，民主主义的普遍原理到底来自美国，还是来自中国，这些都不是她们关心的问题。她们的问题非常具体，那就是女人也是人这个观点在现实生活当中体现在了哪些方面，达到了何种程度。就工人运动而言，比起所谓进步阵营的意见，我更愿意相信经营者方面的意见，也就是跟问题有着直接的利害关系，一旦观测出现错误就会影响到自己生死存亡的那些人的意见。他们异口同声地说，战后工人的思想觉悟变差，像战前那样的管理方式完全行不通，所以他们的经营就变得很困难。在阶级上存在利害关系的对立的两方，如果在一方看来是思想觉悟变差的话，那么在另一方看来，就是思想觉悟变好了。可以说，战后工人的意识发生了某种变化。就算那种变化是一时性的，就算它是可以被消除的，当他们重新站起来的时候，当时的变化也会表现为一个更大的意识上的变化。变化了的思想觉悟是不会再倒退回去的。就算有一点倒退，那也不会完全复旧如初。对于经营者来说，这一点非常重要，反过来，这一点对于劳动者来说也很重要。此外，知识分子看到战败后国家被外国军队占领，他们就对国际局势变得敏感,至少有一部分年轻的知识分子,不再热衷于崇拜西洋,而是站在跟自己国家命运相关的角度,对理解外国这件事情变得热衷起来。结果就是,尽管吉田政府在很长一段时间里制造了各种各样的障碍,他们最终还是搞清楚了亚洲的局势以及日本在亚洲所扮演的角色。有一种观点正在成为常识,那就是从日本跟西洋、尤其是跟美国的关系来看,讨论日本是否协助美国那种笼统的问题是没有任何意义的,唯一有意义的是讨论日本协助或反对美国哪个时期的哪项政策。这个常识很难被推翻。知识分子一旦开始注意到真相,就不会再轻易受骗,而且,欺骗方完全不具备复杂的欺骗能力。从这个意义上看,想要倒退回去也就没那么顺利。——总之,可以说,战后日本,相当大范围内的人的思想观念已经发生了某种轻易不会倒退的变化。当倒退的力量开始变大时,这一点就表现得越来越清楚。

毋庸赘言,那种变化的程度是很小的,但它并没有小到可以无视的程度,比如民主主义在战后流行,现在又变得不流行,国民性被这流行搞得手忙脚乱。有被这流行搞得手忙脚乱的一面,也有没被搞乱的一面。而且,事到如今,都不用再特别强调一点,即阻止再度军事化,结束在政治、经济和军事上的对美依存关系,阻止国内推行反动政策等事情——它们完全是另外一个问题。在这个最近十年间保守党始终占议会多数的国家,至少在最近一段时间,要做到这些事情是困难的。在被民主主义流行所左右的那一面,前进和后退的现象交替出现。在后退的地方,不知会发生怎样的不幸。但是，在经历了那样的过程之后，不后退的东西会一点点地积累起来。实际上，跟战前相比，战后的十年间，大众对民主主义的自觉多少有了些进步。这不是西洋影响下的结果，而是发生了一件迟早会在日本、在日本人中间发生的事情。或者说，那些过去偷偷积累起来的东西因为战败的缘故终于浮出水面。从它和西洋文化的关系来看，可以说战后日本已经具备了把西洋文化当作滋养自己精神的粮食的条件，而不仅仅是在技术性层面加以吸收。

但是，这种情况不只发生在日本。毋庸赘言，第二次世界大战最大的后果之一就是亚非旧殖民地（还有半殖民地）的国民在国民主义上的自觉，以及与之相伴的独立运动的扩大。只要看一下印度和中国等典型例子，自然就会明白这种国民主义往往跟民主主义、人的自觉等有着密切的关系。这里有两个问题。第一，所谓落后国是否能消化西洋的技术文明。日本已经证明可以消化。中国和印度现在正在尝试消化。第二，关于人的自由与平等的自觉，在西洋产生了《人权宣言》，在跟西洋历史背景完全不同的亚洲，是否也能自发地形成这种自觉？战后的亚洲正在证明，这种自觉会在此形成。与其说这种情况不只发生在日本，不如说，在日本，由于大众的人的自觉跟国民主义能量爆发之间没有关系，所以只能以这种不起眼的形式表现出来。但是，当前日本只有通过不起眼的那一面，才能积极投身于亚洲正在开展的大型运动之中。

这个大型运动的问题可以概括为：如果现在把对人的自由、平等的自觉，和全社会人类解放的过程加在一起，泛称为人文主义的话，那么，以前在西洋基督教世界发生过的人文主义，当它在亚洲非基督教世界发生的时候，会以怎样的形式发生，又会发展到哪种程度？还有，从其他方面看，西洋式个人主义，特别是在内面性伦理观传统支撑下建立的人文主义，在这个传统不太强大的地方，它会采用什么样的形式，又会站在什么样的点上，去解决那些西洋没有解决的问题，或者不去解决那些西洋已经解决的问题。

到目前为止，亚洲国家一般的发展过程是：通过反对殖民主义的斗争，国民主义性质的自觉越发高涨，刺激国内展开社会性的人的解放运动，进而觉醒。再加上要尽快完成落后国工业化这个技术目标，主要问题都反映在了社会上。可以说，人的自觉，最开始出现的形式就是被社会化了的人的自觉。但是，关于文化，似乎没有人意识到它的问题是相当复杂的。比如，在印度和中国，当务之急是扫除文盲，而不会由此马上联系到创作何种小说等话题。另外，还有一种情况就是，既然所有这一切都始于针对西洋殖民主义的斗争，那么，不把西洋文化当作问题，也是理所当然的。而且，印度和中国继承了和西洋同等的，甚至更为丰富的文化遗产。比如，我所认识的印度人——他们能说一口流利的英语或法语，为了学习西洋的技术而待在西洋——他们都热烈支持尼赫鲁之前采取的中立政策以及将来可能会采取的社会政策，但同时，他们无一例外地断言，印度不必非要学习西洋的文学艺术。将来也许会出现没这么容易的一面，但至少现在的很多知识分子都是这么认为的。中国大概也有相同的倾向。但日本没有。因为日本的情况完全不同于印度或中国。日本文化的问题，现在就不得不采取一个复杂的形式。为什么呢？因为日本的文化问题不能归结为扫除文盲和国民主义，它关系到包括文学艺术在内的高度分化的精神活动的广泛领域。如果人文主义在非基督教世界中的发展——主要在社会层面——成为所有亚洲国家的问题，那么，在文化层面，尤其是在思想、文学、艺术层面，这个人文主义能采取什么样的形式呢？对这些问题做出预测，就是日本的问题。它会具有什么样的形式？这个问题只有做了才有答案，目前能够进行这种实验的，可以说，就只有我们（日本）。这是在世界各国人民中，留给我们日本人做的工作。我们对该做的工作要有一种自觉，那就是即便希望很小，也要心怀希望。

2

在日本大众当中发生的这种看法上的小小的变化，如果就这么留下来不消失的话，那么，碰到每一个具体问题的时候，这些看法就会成长，不仅如此，它本身就应该成为一个意识形态的结晶。但是，为此需要有材料来建构意识形态，也就是需要概念和理论，这些东西不能只在日本的历史当中寻找，有些方面还需要在西洋的历史中寻找。日本文化为什么是杂交种文化？这就是原因所在。

但是，当日本人根据需要从外部接触西洋文化的时候，不会受到在西洋历史内部发挥作用的力量的束缚。当我们在日本思考问题的时候，我们会受到日本历史的束缚。我再用一次"人文主义"这个词，那种人性的动机，不管在西洋，还是在日本，本质上并没有什么不同，所以双方的理解和交涉才能成立。但是，当它结晶成意识形态时，就要遵循各自文化史的内在逻辑，从这个意义上看，它是在各自的历史的束缚之下发展的。就算现在人文主义在西欧采用的形式在某方面陷入了困境，也不意味着在日本采用其他形式的人文主义也会陷入同样的困境。在西洋做不到的事情，也许在日本就能做到。这就跟"反过来是真"的道理一样。道理是这么个道理，但如果现实中办不到的话，那么，它也不是因为历史的后进性这个难以动摇的理由，它的理由就在琐碎的、具体的、无数的障碍的累积当中。

比如，日本文化资源中已有的东西并没有得到充分利用。举个例子，一般认为，在西洋的话，现代合理主义的背景里有天主教教义，资本主义精神的背景里有"新教伦理"。基督教一方面为现代人类解放的过程做了准备，另一方面又进行了抑制——这才是众所周知的事实。从这层意义来看，儒教和国学在日本扮演了什么样的角色呢？虽然那是少数学者的工作，但也不能说，在思考日本现在的问题时，这些历史资源都已经得到了充分的利用。是因为徂徕*和宣长**那里已经没有什么可利用的东西了吗？还是我们这些利用者心里没有这个想法呢？有一种说法认为，日本文化的历史因明治维新而出现了断裂，这是无稽之谈。我不知道风俗、习惯、生活情感、感受性的哪个地方出现了断裂。当然，这些东西肯定都发生了剧烈的变化，但这些东西不论拿掉哪一个，在其他方面它都还会继续存在。否则的话，讨论日本没有充分"现代化"、没有充分西洋化之类的问题，就很莫名其妙了。日本的土地还有进一步挖掘的余地。这不是因为过去有好东西，而是因为"现在需要过去"的时机，至少是一部分时机已经成熟。如果在脚手架还不牢靠的时候就去挖掘过去的土地，那是会滑倒并被埋到里面的。这样的例子以前有很多，现在也还有。问题是我们现在身处何处。如果能整理一下西洋文化（还有看上去像西洋文化的东西）制造出来的混乱，那它应该也会归结为同一个问题，即我们在多大程度上是真实地站在我们自身现在的立场之上的。

从西洋传来的意识形态在很长一段时间里夺走了很多日本人思考问题的习惯和能力。海外新思潮接二连三地输入、流行、被遗忘，最后不仅什么都没有留下，还给那些手忙脚乱的人造成了一种错觉——好像那里确实存在着思想问题。没有比这更为不幸

---

* 指荻生徂徕（1666—1728），日本德川时代的哲学家和儒学家。——编者
** 指本居宣长（1730—1801），日本德川时代的国学家。——编者

的错觉了。比如，战后流行存在主义，它在思想上的意义很少，流行也就持续了五六年，不可能有什么深刻的意义。朱子学在江户时代流行了百年，现在的社会比当时要更加忙碌，但人们进行思考的能力跟当时相比并没有进步。所谓五六年间思想的流行，只不过是跟思想和意识形态都没有任何关系的某种心态的流行。而且，这种情况绝不是在战后才出现的。——如果是这样的话，为什么会有那么多人在那么长的时间里，那么热衷于只要是西洋的新思潮就随便什么都输入的愚蠢的事业呢？不用多说，理由只有一个——西洋的情况，不需要任何依据，只要它是西洋的情况，就这一条理由，它就让人惦记。西洋的事情之所以不需要任何依据就让人惦记，是因为整个国家都把追赶西洋作为目标，并向这个目标倾斜。这种倾斜得到了明治以来统治阶级始终如一的意志的支撑，它清晰地认识到自己的目标不是要追上西洋，而是要在富国强兵方面追上西洋。可以说，为了实现这个目标，很多知识分子要么直接被动员起来，要么就是在自己都没有意识到的情况下，顺应了国家整体的倾斜。从某个方面来说，（日本）马克思主义大概也不是个例外。一边带着某种近似于自卑感的感情，强调日本的特殊性和后进性，对外国文献极度敏感，一边却想把西洋传来的意识形态当作日本大众的工具的，主要就是（日本）马克思主义者，或者是它的同情者。只有马克思主义在日本的土地上扎下了根。关于这个问题，本来有必要进行更加细致的分析（比如，其中一个点就是这不仅是日本的问题，另一个具体的点就是马克思主义在日本是在哪个层面上、如何发展的）。极其笼统地说，第一，不同于其他输入的意识形态，因为马克思主义触及了日本大众自身的具体问题，所以从某种意义上来看，它已经在日本的土地上扎了根。但是，第二，因为它是一个在外国已经完成建构的类型，所以就这么原封不动地输入进来了，还没有到达产生一个符合日本特殊性的日本型意识形态的阶段。——而且，如果允许马克思主义这么做的话，那么，抛开马克思主义的问题，关于一般意义上的西洋意识形态和日本的关系，也可以预想到有同样的情况。不要引进建构好的意识形态，我们必须要在日本建构日本的意识形态。要做到这一点，仅靠我们具有问题意识是不够的。相当于西洋意识形态的人性基础的那种动向，我们现在还不成熟。无论如何，这是一个必要条件。否则的话，我们的工作——不是拿西洋已经做好的物品，而是拿西洋历史据此制作出那个物品的材料，在日本制造日本的物品——是开展不下去的。然而，只有在每一次试图战胜反动力量，实现人类解放的具体过程中才能培养出那种人性的基础。

但是，即便从日本的现实中诞生了社会性人类解放的意识形态（还没有诞生），它也不会立刻成为创造艺术、哲学乃至文学的原理。那就是一个前提而已，从前提发展到艺术的道路是漫长的。日本文化的杂交种性这个问题，也会因此呈现出最为复杂的形式。日本的文化环境是非基督教世界的环境，这件事情最深刻的意义就体现在这里。

3

不过，文化问题，与其从一般理论入手，还不如从具体问题入手讨论来得更方便。首先，让我们以艺术为例来类推日本文化的存在方式。这可能会比意识形态的话题要复杂，但它不会模棱两可。正如自然科学有实验，艺术有作品。从这个意义上来看，意识形态什么都没有，即便有的话，大概也就只有历史。与历史相比，一张屏风在谁看来都是同一件东西。

比如，有一种习惯性说法，认为光琳*的画风具有装饰性。但是，用元禄时期豪奢的装饰主义这样的表达，并不能说明太多东西。看到有名的屏风，打动我们的首先是熟练的写实家准确的眼力和笔力。从极为细密的、分析得如同动物学教科书般的鸟兽写生帖，到省略线条、捕捉动作、戏剧化人物表情的自由自在的扇面，经过所有写实阶段后，画家的写实主义精髓就在于此。所以，他自由地处理空间；所以，他自由地使用大色块——这句话的意思就是把颜色搭配本身作为目的，换言之，就是做到了像抽象绘画风格那样的自由排列。这样的作品并不是装饰主义那种简单的东西。写实与抽象在此浑然一体，自然与绘画的世界相互融合，产生了一种独特的感染力，观者被深深地吸引，无法挪开自己的视线。为什么会产生如此巨大的感染力呢？画面之所以有感

---

* 指尾形光琳（1658—1716），日本江户时代画家、工艺美术家。——编者

染力，是因为画家赋予了它生命。而画家之所以能赋予这样的画面以生命——换言之，对象和画家的主观之所以能在画面上得到统一，放在光琳身上来讲，就是因为对象和画家的主观、自然与人，还有艺术与人生，在他的人性当中已经浑然一体。从历史角度来看，还没有发生决定性的分裂。光琳生活的时代，是一个可以把生活艺术化的时代，即便芭蕉*为此必须踏上旅途。不过，抛开光琳来看，不可否认各个时期的日本艺术都具有一种强烈的装饰性倾向。另外一个特征就是细腻的写实主义，它和某种装饰主义相互平行，贯穿了日本美术史。现在的目的不是讨论美术史，所以我就不再详细展开，不过，上述两种倾向或要素，比起出现在水墨画中的象征主义，更加给人一种"日本式的"印象。至少从它和文学的关联来看，在文学领域，相当于水墨画的象征主义要素只能在完全受限的范围内得以表现。不过，文体上装饰性的技巧主义，正好与描写上的写实主义勾连在一起，创造出了十分明确的传统。但不论在艺术领域，还是在文学领域，现在暂时被称作装饰主义和写实主义的这两个倾向，实际上是出自同一个渊源的同一个东西。它们表现了一种世界观的两个侧面，这种世界观是一种感觉主义，它认为感觉的、日常的、经验的世界就是现实，就是唯一的存在，它不承认任何超越这个世界的其他类

---

* 指松尾芭蕉（1644—1696），日本江户时代俳谐诗人，有"俳圣"的美誉。——编者

型的存在。黄泉国就是一个遥远的国度，它不是超越此岸的彼岸。就算很难从黄泉国回返，但这也不是完全不可能的事情。诸神不是绝对的善，不是完整的存在，不是无限，它们不是在这些层面超越了人类的相对性、不完整性和有限性。黄泉国和诸神，它们不是超越性的存在，而且，它们也没有成为那种超越了人类内在原理和价值、超越了感性和经验性的绝对的原理和价值。换言之，支配各个时代文学和艺术的主要观念，就是自然这个朴素却包含着丰富的感觉性内容的观念。全世界没有哪个国家的国民会如此大量地讴歌自然和季节的更替。就连具有思辨性的佛教，也跟感觉性的表达紧密联系在了一起。人际关系不断地受到具体的、感觉性的人情的支配。就连儒教具有合理性的那一面，以文学形式表现时，也只能采用义理人情这种方式才能加入到人情这一边来进行表现。既然从鸟羽僧正[①]到子规[②]，从兼好[③]到白鸟[④]，除了亲眼所见的世界之外，他们什么都不相信，那么，写实主义

[①] 鸟羽僧正（1053—1140），本名源显智，大纳言源隆国之子，法号觉猷，俗称鸟羽僧正。日本平安时代天台宗高僧，精通绘画，据传为《鸟兽人物戏画》《信贵山缘起绘卷》等画的作者。因其画作充满幽默和讽刺精神，被称作戏画。

[②] 指正冈子规（1867—1902），日本歌人、俳人，作品收入讲谈社出版的《子规全集》（共22卷，别卷3卷）。

[③] 指吉田兼好（1283—1352），又称兼好法师，日本歌人、随笔家，代表作有《徒然草》等。

[④] 指正宗白鸟（1879—1962），日本自然主义文学代表作家之一，著作收入福武书店出版的《正宗白鸟全集》（共30卷）。

的发达就是再自然不过的结果。观察变得越来越敏锐，越来越细致。同时，美的感受性越发洗练，为了追求感觉性的词语、色彩和线条的魅力，装饰主义发展了起来。日本作为一个非基督教世界的意义就在于此。

但是，比如，光琳展示了在审美感受性的洗练达到一定高度之后的走向，也就是所谓的极限。那已不单是写实主义，也不单是装饰主义，而是用超乎寻常的感染力将所有人性的东西充满整个画面。但问题就在于，现在这样做已经行不通了。为什么行不通了呢？最大的原因就是现在自然和人之间已经不存在那种朴素的、连续性的关系，对象和艺术家的主观之间无法实现素朴的一体化。从这层意思看，传统的世界观已经发生了分裂。能够把日常生活本身进行艺术化的时代已经远去。正如人际关系不能单纯依靠人情加以约束，艺术和人生之间的关系也不能用艺术即人生的形式加以解决。艺术和人生对立，感觉性世界和合理性世界对立。以对立为前提去锚定关系，现在这就是艺术家个人的工作了。光琳和他的时代都无条件地相信艺术。为什么呢？因为相信人生和自然。然而，对于现代的日本艺术家来说，怎么做才能相信艺术，却成了一个大问题。但是，在艺术、自然与人生之间不能建立朴素的连续关系的情况下，敢于相信艺术的世界，在色彩和形式的世界中去认知另一个超越了日常生活的、具有独立价值的世界——为实现这样的目标，可能需要一个前提，那就是要有一个由超越性世界观培养出来的意识结构。于是，这里就出来了西洋文化的问题。

但现在,对日本艺术家来说,接触西洋的精神风土如果有意义的话,那么,和西洋的,至少是西欧大陆的柏拉图式的意识结构的接触,只有在这一点上是有意义的。这种意识结构可以在日常性、感觉性世界的背后看到实存,它允许我们相信超越感觉性经验的真理的普遍性,同时,也允许我们相信超越日常性经验的感觉性世界的独立存在。——作为一个道理,这倒也不是多么复杂的道理。但问题不在于接受这个道理,而在于通过体验感悟到这个道理的内涵。现在很多有为的画家跨过大洋,就说巴黎的街道是一幅画,这话说得真是没有见识。对日本画家来说,日本的风景不是画,外国的风景才是画——怎么会有这种事情呢?在夏尔特尔大教堂的石像和凡尔赛庭院里感受天平时期的诸佛和桂之庭院所没有的东西,可远比那种事情来得重要得多。为什么呢?因为艺术的问题,虽关乎才能,但也关乎传统。而且,天平时期的诸佛和桂之庭院是如此精彩,以至于只要站在它们面前,我们就会不由自主地陷入一种别无他求的感觉中。

但是,如果把话题再一次从艺术拉回到日本文化的一般性问题,那么,不仅限于艺术,普遍来看,跟西洋文化创造性方面的接触,对我们而言大概可以说是现在才刚刚开始。(或者说,那是一个尚未开始的将来的话题。)过去,中国文化是日本文化的创造性契机。但是,西洋文化还从来没有发挥过那样重要的作用。然而,如果我们走上的道路无法回头的话,那么,我们就必须在西洋文化当中寻找对我们而言积极的意义。即便沉浸在对回顾式的日本文化的赞美之中，我们也无法期待那里有太多的成果。一旦自卑感消失，就会看到对方真正的优点。一旦开始注意到西洋也有很多毫无意义的东西，就会切身体会到有价值的东西是很难轻易消除的。事情就从这里开始。但是，毋庸赘言，这种事情不能性急，战后流行西洋，然后流行亚洲和日本，这样的顺序就不算太快。

翻译文学的伟大与悲惨

1

外国文学翻译的兴盛并非始于今日。它是从明治到大正，从大正到昭和，逐渐兴盛起来，最后才呈现出今天这样的盛况的。与翻译同时兴盛起来的还有对外国文学的研究。现在日本全国，从乔叟到格雷厄姆·格林，研究各类英国作家的人数已经无法计量，再加上英国文学之外的外国文学的研究者，研究的活跃程度可谓盛况空前。两者合起来看，可以说，今天的读书人在外国文学方面的知识，其丰富程度是明治时代根本无法相比的。

因此，谁都会想，既然外国，尤其是西洋文学的翻译和介绍如此兴盛，那么，西洋文学对日本作家的影响当然会变得越来越强。但是，在我所知道的范围之内，事实不如说是相反的。明治以来，随着西洋文学的翻译和介绍变得兴盛，西洋文学对日本文学作品的影响消失不见了。

正如永井荷风曾经说过的那样，为了创造出那种致密又明晰的文体，鸥外从欧文中学习了很多。毫无疑问，漱石的那种小说概念是在英国文学中探寻到的。荷风在美利坚合众国体悟了个人主义式的生活。（中村光夫也说过这个意思的话，所以那大概是真的。）杢太郎通过西洋知道了艺术和自然科学研究在人性上的意义。（毋庸赘言，当时所有文学史都在写杢太郎的"异国情调"，但杢太郎本人却认为这愚不可及。）内村鉴三和冈仓天心用西洋的语言自由地表达思想，很明显，他们都受到了西洋文学乃至思想的强烈影响。这种影响在大正作家身上就变少了。不过，芥川龙之介身上还是有某种西洋文学的影响。再后来，小林秀雄受到法国文艺批评的影响。但之后究竟还有什么称得上影响的呢？只能说几乎什么都没有。最简单意义上的模仿西洋小说的例子，倒是数不胜数。但是，从西洋文学中汲取营养来创造自己的文学的例子却没有，就算有，也非常少。就这样，影响消失的时期，正是对西洋文学翻译和介绍迅速活跃起来的时期。

当我们回顾明治以后的日本文学史的时候，最引人注目的事情之一恐怕是西洋文学影响之强烈和深刻，与翻译盛况之间成所谓的反比例的关系。当然，这个图式很笼统，但大致的倾向看起来还是非常清晰的。事情的发展很难看作一个单纯的偶然，似乎也有一些必然的理由。

不用多说，最简单的一个解释就是明治作家已经得到了西洋可汲取的东西，后来的作家就没有什么可汲取的东西了。确实，这是一个方面，尤其是从技术输入的类似性角度来看的话，存在着这样的一面，当然没什么不可思议的地方。但是，另一方面，文学艺术的输入有着不同于工业技术输入的一面。不能说前人已经读过柏拉图，后人就没必要读了。只用前人的业绩，事情就能朝前推进——怎么可能会有这么容易的事情？另外，从西洋文学中获得可汲取的东西之后，它就变得没什么用处。如果是这样的话，那么，我们就必须思考一下，翻译没用的西洋文学的那种盛况是不是有点过了呢？不用说，它只解释了问题的一个方面，却没有对整体做出充分的说明。

而且，这种历史性的反比例关系，并不是文学独有的现象。前段时间，东京曾举办过"日本洋画名作展"，明治、大正、昭和三个时期油画作品中的名作，齐聚一堂，以便观赏。从参观印象来看，所谓的"日本洋画"，也就是油画，在油画技术输入初期的画家比如浅井、黑田之后，好像就再也没有超过他们的了。之后，时代发展——也不是没有像岸田刘生、梅原龙三郎、佐伯祐三那样出色的画家，但他们就是所谓的例外——随着西洋美术知识的普及，逐渐地出现了无聊的"名作"辈出的现象，那几乎是一个奇观。我再说个题外话。去看展之前，我见了石川淳。那时，小说家石川淳喝醉了，就说了两句话，什么"浅井忠伟大"，什么"你（也就是我）这家伙没学问"，他一个晚上反复说的就这两句话。之后，我去看了展，对浅井忠感到敬佩。因此，对一晚上都在说"浅井忠伟大"的石川淳也感到敬佩，同时，也再次认识到自己是个没学问的人。总之，就像石川淳说的，浅井忠伟大。

但是，为什么后来的油画这么普及，却又变得这么无聊呢？我想这里面肯定有原因，不能光靠"浅井忠伟大"来解释。

2

通过翻译阅读外国书籍，跟阅读外文原著相比，速度快到根本没法比，所以它的益处就是可以在短时间内阅读更多的书籍。读外文原著的话，经常会读不懂，就算能读懂，读起来也很慢。不仅如此，还有很多不明所以的地方。因此，比如日本学者，他们的理想当然就是把所有的外国文献都翻译成日语。但实际上，这种事情是做不到的。有翻译的话，学者们就尽可能地利用翻译，没有翻译的话，就不得不阅读外文原著。不只是学者，所有想在短时间内阅读大量书籍的人，比如，那些在一定日期之前必须要完成报告的学生，对这些人来说，再没有比翻译更难得的了。翻译越多越好——只要没人因为翻译过多而感到困扰，那这就是一个不言自明的结论。

我在某所大学见过学生写的有关法国文学的报告。数量相当多，但没有一篇报告的主要文献中有法语阅读的痕迹。从这一点就不难想象，现在日本的法国文学翻译和研究是多么发达。现在要写一篇关于法国文学的报告，连一个法语单词的知识都不需要。万事有日语就足矣！或者，至少相信万事有日语就足矣！这可不是我开玩笑，翻译多，对那些需要尽快阅读法国文学的人，也就是专业的学生乃至研究者来说，就意味着方便。（不用多说，我自己那点关于外国文学的知识也几乎都来自翻译。）

而且，翻译不仅为专家提供了方便，为一般的读者也提供了有趣的读物。我通过日译本阅读司汤达的小说时，也是读得津津有味。不只司汤达，大部分小说读译本都会觉得很有意思。不过波德莱尔的话，就算读译本也会觉得很没意思，但如果能读原文的话，肯定会有让外国人读了也觉得有意思的地方。在普通读者眼里，读诗歌的话，就读日语原文，读小说的话，就读西洋翻译小说——这也没有什么不合适的地方。概而言之，不光是学者，就连一般的小说读者也会觉得翻译特别方便，而且，翻译越多越好。

不过，对小说家来说又如何呢？西洋文学的翻译很多，随手拿来一本阅读的话，会对小说家产生什么影响？一般来说，可能没有什么深刻的影响。

小说家没有任何理由需要越快越好、越多越好地去读书。因为这样增加的是关于其他人的小说的知识，对自己的小说没有任何增益。对学者来说能够便捷、快速、大量阅读的这个条件，对于作为创作者的小说家来说，却是最不合适的一个条件。为什么呢？因为快速、广泛而且深入的阅读，实际上已经超过了人类能力的极限。想要慢速阅读的话，再没有比读外文原著更方便的读法了。总之，如果不读原文，似乎就很难深入到不同风俗习惯国家的文学中，并达到受其影响的程度。翻译作品不多的时代，日本作家们就是这样受到外国文学影响的。翻译兴起，作家开始阅读翻译作品之后，外国文学的影响很快就变弱了。这是一个历史性的事实。我不会轻易改变这个事实。但我会轻易改变说明这个事实的方法。也许有人会提出这样的观点，认为读英国文学不读翻译而读原文的做法，除了让读书速度变慢之外，还有其他的功德。我不反对这样的观点。

3

翻译的外国文学作品，有时会被当作跟文学创作同等意义上的作品而获得认可。比如，在德国，施莱格尔翻译的莎士比亚就是如此。在日本，鸥外和上田敏的翻译已经成为明治以后日本文学的一部分。但这种事情极少。好像哪个国家，哪个时代，都会有这种东西，但那恐怕是例外，它和现在日本翻译文学的盛况没有直接的关系。

还有，一般难以亲近的古典作品也有被称作定本的译本。那些外国文学遗产，如果没有翻译那就基本上等同于不存在，多亏有翻译才能加入到那个国家的文化中。比如，魏莱翻译的《源氏物语》肯定要比一打普通小说更能丰富英语文学世界，同样，比如，渡边一夫翻译的《巨人传》教会了日本读者一些没有这本译著就无法获知的东西。把文学的范围再扩大一点来看的话，各国的《圣经》其实也属于这种类型的翻译。在中国，佛经的汉译发挥的作用是巨大的。它传到日本后，在日本思想史上具有决定性意义。即便是最近，没有《资本论》之后的社会主义文献的翻译，别说是明治以后的社会思想史，就连社会运动历史本身也会变得无法理解。不过，这个话题跟翻译文学离得有些远了。当下的问题不是一般性翻译，而是文学的翻译。而且，它也不是像《源氏物语》《巨人传》那样的古典文学的翻译，而是当代外国文学（或者，至少是19世纪以降的文学）的翻译。为什么呢？因为当下呈现出前所未有的盛况的，正是这种翻译。

这种情况不只日本才有。我不知道每月具体出版几本，但可以确定的是，比如，对当代德国文学的翻译，法国要比日本多。就连法国也是这样。德国书店的架子上，不用说，英国、美国、法国文学的翻译比较多。欧洲的这种倾向在第二次世界大战之后变得越发显著。（比如，查尔斯·摩根也说，第二次世界大战之后，当代英法作品之间的互译变得兴盛起来。）日本特有，而别国没有的一个独特现象，不是翻译的兴盛，而是人们赋予翻译的特殊而重要的意义。

准确理解《源氏物语》并把它转换成高级英语，这是英国学者的工作；解读《巨人传》并把它译成日语，那是日本学者的工作。纪德把《哈姆雷特》译成法语，福田恒存把它译成日语之后，让·路易·保罗和芥川比吕志分别把它改编为戏剧剧本，这是作家和剧作家的工作。但是，比如，把普鲁斯特翻译成英语，是英国翻译家的工作，翻译成波斯语是伊朗翻译家的工作。英国的常识认为，那既不是学者的工作，也不是作家的工作。如果伊朗有普鲁斯特的翻译的话，那就有伊朗的常识。如果超出了这个常识，把翻译普鲁斯特看作学者的一个资格，那么，这种看法至少在国际上具有稀缺价值。普鲁斯特的——也不必非要限定为普鲁斯特，总之，如果是法国人的话，那么，看那种女学生坐地铁时看的小说，还有，看了之后转换成日语——这些事情和"学问"这个词之间到底在哪些地方、产生了什么样的联系呢？我既不是说翻译的工作很容易，也不是说它没有意义。正好相反，我想说的是，正因为我认为职业不分高低，所以，卖鱼的就是卖鱼的，搞翻译的就是搞翻译的，没必要把卖鱼的跟海洋学联系起来，把搞翻译的跟别的什么学问联系起来。普鲁斯特和托马斯·曼的文章对我来说都很难。但是，那种难不是学问上的难，总之，那不过是因为我不懂必要的英语和德语才会感觉到的难。那些偶然出生在那片土地上，熟悉当地语言的人，他们才不会觉得有什么难不难的。这当然不是说出生地的偶然会造就学问，但我又不得不承认我们的出生地日本有它的特殊情况。第一，明治维新以来，国家整体上大规模推进西洋化，从某种意义上来看，战败后反而变好了些。第二，即便如此，由于日语是一门特殊的语言，所以在跟外国接触的时候，语言上存在着巨大的障碍。外国小说的翻译突然有可能成为一个学问上的成果。这种不可思议的氛围,大概就是以上两种事实所产生的必然结果之一吧。但是,结果不只有这个,问题也不只是这个。

第一个事实,和国家的西洋化相关联,我感到有疑问的地方是以下这些事情。就像工业技术西洋化一样,文艺的技术也要以西洋为师,这件事究竟有没有希望?就算有希望的话,是不是有可能?就算有可能的话,用什么办法才有可能?——我没有答案。不过,回顾历史,有一件被认为确定无误的事情就是,如果我们想从外国文学那里获得什么实在的东西的话,通过读遍翻译文学这个办法是什么都得不到的。翻译越来越兴盛,外国文学的研究也日新月异,如今深入细节,钻研微末,已经发展到连外国二流作家搬了三次家之后租房用的房租,都可以通过日语了解到。与此同时,我们又不得不承认,最近的日本文学从外国文学获得的东西,基本上接近于零。

但是,第二个事实,众所周知,就是日语是一门特殊的语言这个事实,当它涉及外国文学翻译的时候,就会伴随两个结果,一个是无论如何都需要翻译,另一个是因为翻译而失去的东西非常多。在这个国家,英语课几乎已经成为义务教育的一部分,但究竟有多少国民能读懂每日发行的报纸上的英语?人数极少。如果是这样的话,那么,翻译的必要性就不言而喻了。

不过,一方面,日语的特殊性提高了翻译的必要性,另一方面,比如,把英国文学翻译成差距如此之大的语言的时候,失去的很多,增加的也很多,最终就可能意味着留不住原型。如此一来，通过翻译，日本形成了有关外国文学的独特见解，而存在主义一边大行其道，一边却不知会留下哪些莫名其妙的东西，最后又消失得无影无踪。

4

翻译的必要及其难得，怎么强调都不为过。如果没有日本共产党的翻译，到底有几人能读到赫鲁晓夫在苏共二十大上报告演说的全文？如果没有E. V. 刘的企鹅古典丛书的翻译，究竟又有几人能读到伊利亚特的原文？肯定会有几个人读过原文，但那确实不是我。

世界变得繁忙。普通教育和高速轮转机让我们的周围充满了本居宣长的时代所无法比拟的书籍、杂志和报告。现在，没有时间慢慢地用原文阅读外语书——这个说法应该是个完全正确的理由。但是，因为如此，所以只读翻译文学——这样的论证就有些不合逻辑。生活忙到连用原文阅读外国文学的时间都没有的日本人，为什么不读那些原文是日语的诗文呢？

翻译是必要的，不仅限于古典外国文学，当代文学的翻译也是必要的。我反对任何形式的锁国。打开国门，在外国影响之下消失的那些东西，就任它消失吧。因为具有留存价值的东西，不管怎样，肯定都会留下。

但是，至少没有必要把外国获得文学奖的作品从头开始全部翻译过来。我的一个女性朋友翻译了一本法国的小说《悲伤啊，今天》，译文巧妙又流畅。我偶然看了这本译著，又偶然看了芥川奖的获奖小说《太阳的季节》，我觉得译著显然要有趣得多，也聪明得多。但是，从某种意义上看，不管是哪本书，都不能够滋养我们的精神。

关于身边的翻译盛况，我并不认为它需要加以节制。因为比起翻译一些无聊的书，每个人都有自由去翻译自己想译的书，这才是更为重要的。翻译的盛况，还是任其自由发展比较好。但是，我认为读者这一方、我们这一方应该形成选择的风气才好。这是一个理所当然到过于理所当然的事情，我只能很惶恐地说，我也没有更多的奇招、妙招的组合招式。文学，那是很多的个人的东西，而不是群众的东西。跟文学有关的重要问题，最终只能在每一个个人的精神领域做出决定。翻译文学包含的所有问题，最后大概也不会是一个例外。大概没有任何问题是通过某种社会性对策一下子就能得以解决的。

日本人的外国观

1 孤立的事实与孤立的恐惧

义务教育几乎全民覆盖的国家,除了日本之外,主要集中在包括苏联在内的欧洲和北美。把日本和这些国家进行比较的话,就会发现日本大众关于外国历史、地理的常识非常丰富。甚至可以说,从整体情况来看,日本人的外国观的第一个特点就是知识水平非常之高。

要说这些知识的质量,日本的义务教育教科书里有康德和黑格尔的名字,但比如印度人日常都吃些什么,书里可没有写。这种情况在教科书里是理所当然的,但不仅限于教科书,它还反映出一般日本人有关外国的那些知识的性质。可以说,那些知识的性质是教科书式的,也可以说,那些知识最有特点的地方就是,它们都是通过书籍,尤其是通过翻译过来的书籍所获得的知识。反过来看,就是平时和外国人的接触有限。这一点跟西欧形成对照关系。西欧地方狭小，很多国家国境接壤，交通发达，与外国人接触的机会很多，但只要那外国人是欧洲人，就有不少共通的风俗习惯。欧洲人关于外国的知识，比起读书，更多地来自日常生活。日本人的话，这种关系正好相反。用图式来说的话，日本人的外国观的特点肯定就是通过读书获得的丰富知识，以及跟外国人接触的极少机会这两个要素的特殊组合。

和外国人的接触（更进一步来说，就是意见的交换）机会少，其根源就是日本在国际社会上的孤立这一事实。孤立的原因，第一个是地理方面的。日本离欧洲和北美都很远（但现在，跟邻国的交往，尤其是跟中国的交往也非常有限）。但是，原因不仅限于地理条件，至少在和西洋的关系上存在着第二个原因，即文化和历史的不同，也就是风俗习惯的不同。因此，不仅在地理上，日本在心理上离西洋也很远。德川时代的"锁国"大概为拉大这个心理上的距离发挥了作用。明治时代强调"和魂洋才"的和魂，这应该也是在同一个方向上发挥了作用。还有第三个原因，说到底还是要归于文化和历史的不同，不过，"二战"结束后的现在，孤立的一个更明显的原因就是语言的障碍。

总而言之，孤立是事实。日本人对这个事实的反应，简单地说，就是对孤立的恐惧，以及千方百计想要克服孤立这个事实的努力。这个努力，第一，表现为打破孤立的倾向，第二，表现为把孤立正当化的倾向。

第一，打破孤立的倾向在知识层面的表现是：凡是外国的事情什么都要知道的那种求知欲；翻译的兴盛；具有广阔国际性视野的教科书和每日发行的报纸。日本人关于外国的丰富知识以及极少接触外国人——这两点并不是偶然联系在一起的，而是因果论式的联系在一起的。不是"尽管"极少接触外国人，而是"正因为"极少接触外国人，才会热心地吸收跟外国有关的知识。在日本，有很多人身为英语教师却不会讲英语——这种说法不对，应该说，正因为他们是英语教师，才不讲英语。他们跟英美人接触很少，而且，他们已经下定决心一辈子都要研究英美文学——两者是密不可分的关系。因为有孤立的事实，所以才会表现出针对这一事实的挑战式的反应。

同样的反应类型也出现在明治以来日本政府的外交政策上。"现代日本"在中日甲午战争之后，又和俄罗斯帝国开战，出兵西伯利亚，1930年之后陆续又跟中国以及英美等其他同盟国作战。以上各种情况下，日本的政治领导人都很热心于跟外国结成同盟，或者至少热心于得到外国的承认和支持，并为此付出了各种各样的努力。比如，日英同盟，出兵西伯利亚之前的对美交涉，还有战后的《日美安保条约》。尤其是"二战"之后，政府一直反复强调的两个主题——"日本是自由主义圈的一员"和"日本是一个亚洲国家"——就是这种情况的一个典型表现。如果不存在"自由主义圈"内的孤立倾向，尤其是在亚洲各国中的孤立倾向这一事实的话，就没有必要格外热心地去强调否定这一事实的主题。但是，针对孤立的事实做出的反应，还不只停留在打破孤立这一倾向上。

第二，把孤立正当化的倾向，多多少少表现为国家（国民）主义式的倾向。在心理层面上，日本人的外国观的特点之一就是"外国人不懂"的信念。外国人不懂生鱼片的味道；外国人不懂俳句的韵味；外国人不懂复杂的婆媳关系。——总之，外国人不懂日本的好或坏，最关键的是，外国人不可能懂，不懂是理所当然的。这样一来，外国人不懂日本问题这个事实，也就是，日本孤立的这个事实就被正当化了。或者，至少被当作理所当然的事情而接受了。在朝着孤立的更加理论性正当化的过程中，出现这样的心理状态是非常自然的一步。从"外国人不懂日本的好"发展到"举世无双的日本的好"，就会形成国家主义式的意识形态。从"外国人不懂日本问题"发展到"对外关系归根结底就是力量关系"，就会产生军国主义式的对外政策。因为反正对方不懂，再怎么试着去说服，再怎么不停地去交涉，全都是徒劳。这是反应的第二种类型。

当然，表现在某个具体的时代，具体的局面，甚至是具体的个人头脑中时，反应的第一种类型和第二种类型都是混合的、互相反驳的、复杂纠结在一起的。比如，以出兵西伯利亚为例，在决定这个方针之前，外交调查会反复讨论了差不多大半年，以原敬为代表的政治家，为了避免孤立，主张美国政府同意是出兵的绝对必要条件，本野外相和陆军强调"日本独立行动"，反而是谋划着要选择一种孤立的行动自由。结果，实际上的出兵西伯利亚，开始于跟美国某种程度上的一致意见，终结于日本的完全孤立。还有，比如现在占据国际语半壁江山的英语，从日本人对它的态度也能看出这两种反应类型微妙地交织在一起。一方面，英语教育实质上几乎已经义务教育化。这种事情要在理论上具有意义，就必须承认两个前提，一是大部分日本人需要英语，二是他们都能学会英语——我自己是哪个都不承认的。另一方面，大报纸针对片假名表记外语的方法进行了限制，他们的解释是"反正日本人很难发V的音，没必要"。——我个人认为"日本人很难发V的音"这个看法是错误的，但这里的问题不是我的意见如何，而是义务教育课程的前提和大报纸的意见之间存在着针锋相对的矛盾。一个是在语言上试图打破孤立的反应，另一个则是把孤立正当化，进而制度化的反应——这两个反应在各自舆论的广泛支持下，共存于当下的日本。

但是，现在的日本，如果抛开代际的差异，就什么都没法讨论。说到外国观，战后的年轻人和战前的日本人之间也存在着巨大的差异。代际存在巨大差异就是日本人的外国观不同于其他国家外国观的特点之一。在日本，以战争为界，教育的原理变了，社会制度变了，大众消费的结构也变了。不是所有国家都经历过如此巨大的变化。日本发生了这样的社会巨变，战前社会成长起来的人跟战后社会成长起来的人，他们的想法存在巨大差异是理所当然的。这种差异自然会反映出社会的变化。简言之，日本的社会朝着西欧和北美社会的方向发生了变化。

换言之，跟战前相比，战后日本社会（制度和生活方式）和西洋社会之间的差异变得不那么明显了。这种变化不可能不反映在日本人的外国观，尤其是旅行者的外国观上。从天皇是神的日本来到选举总统的外国，和从提倡国民主权的日本来到同样提倡国民主权的外国——旅行者对这两件事情的反应是不一样的。没有参政权的日本妇女在外国见到女大臣，和日本女议员见到同一位女大臣——日本人在这两件事情上的心情是不一样的。在东京观看歌舞伎的游客第一次在外国听歌剧，和在东京已经看过好多遍意大利歌剧的游客去纽约的大都会歌剧院观剧——这两种接受方式是完全不一样的。相比之下更明显的变化是，由于东京等大都市的生活方式跟世界上其他大都市的生活方式越来越相似，所以，至少在跟都市生活表面相关的事情上，日本游客不会再像以前在外国时那样感到惊讶，他们变得不再会惊讶了。

比如，20世纪50年代初期，我在巴黎的时候就注意到日本游客的态度因年龄不同而呈现差异。关于这一点，我之前也写过，这里不再赘述。总之，年轻人认为，哪里的人都是人，都是一样的人，这是他们的前提和出发点。而那些在战前日本成长起来的人，一到外国，就认为外国人哪儿哪儿都跟日本人不一样，这是他们的前提和出发点。当然，这样的前提，通过具体的经验和观察，会逐渐得到修正。年轻人最终肯定会注意到文化的差异，战前成长起来的那些人最终也会承认在人情的细微之处，东西方之间有很多相通的地方。但是，尽管如此，两者在出发点上的差异还是巨大的，而且，这个差异跟男女之别、社会地位之别、教育程度之别、贫富之别、外语能力之别几乎没有关系，它只跟年龄之别有关。也就是说，日本人的外国观，如今正在发生急速的变化。至少在都市生活方式这一点上，日本的特殊性实际上已经变得不再那么明显了，这对减轻日本人在国际社会上的孤立感似乎发挥了作用。

日本社会的这种变化，和作为其反映的日本人心理上的一种变化，不用多说，以各种各样的形式出现在年轻日本人的很多言论当中。小田实的旅行记（《什么都做做看》）就是其中一个更直接的典型；从理论上说，梅棹忠夫关于日本和西洋现代化推移的平行说（《文明的生态史观序说》）则是另外一种典型。这些人的外国观，每个人都不一样。但是，毋庸置疑的是其中存在着共同的特征。总之，我们要以这样一个前提为出发点，那就是跟外国人的communication（交流）——水准因人而异——当然是可能的。孤立感已经不再是外国观的中心问题。或者，用"自卑感"这个词来表达的话，那么，在接触外国环境的过程中，跟自己心中的自卑感的心理斗争已经不再是一个中心问题。——但如果只有这些的话，就只是心理上的问题而已。心理上的变化，应该只有在被提升到理论式秩序的高度之后，才会发生"态度"上的变化。

2　关于三个态度

在日本人的外国观当中,从来就有两种比较显著的类型。第一,强调日本的落后,把特定的外国理想化的态度。第二,强调外国的落后,把日本理想化的态度。第一种态度,就是所谓"一边倒"的类型,第二种态度,就是所谓"国家主义"的类型。在日本历史上,"一边倒"也不是今天才有的东西。五山诗僧认为对诗歌的最高赞美词就是"完全不像日本人写的"。"没有和臭"才是诗歌的理想。文学的理想和一个特定的外国——中国,几乎被看作是一体的。不仅限于文学,也不仅限于14世纪。19世纪初,田能村竹田①高度评价天明时期的芜村,说"用笔传彩,全然明人"。这句话看起来像《山中人饶舌》。《山中人饶舌》是日本画论的代表性作品之一。完全像明朝人("全然明人")这个说法,在这里就算是最高的赞美词了。它认为不但文学和艺术价值的实现是在中国,而且,其伦理价值的根源本身就在中国。中世的禅僧和幕末的南画家当中,有无数的儒家。他们大部分都把中国理想化了(同时,去掉了中国儒教中的"革命"思想),而强调日本的落后。更准确地说,他们倾向于把中国(或者至少是那

---

① 田能村竹田(1777—1835),日本江户时代的南画(文人画)家,代表画作有《岁寒三友双鹤图》《暗香疏影图》等,著作有《山中人饶舌》《竹田庄诗话》等。

个时代）这个历史的、具体的、特殊的文化或国家，等同于一个本来应该是超历史的、抽象的、普遍性的价值。如果采取普遍价值的立场的话，那么，不论是对现实的中国，还是对现实的日本，他们都应该加以批判。还有，他们的终极目的，应该不是要像中国人（消除"和臭"，完全如明朝人），而是要接近那种超越了日本人和中国人的现实的理想。但是，大部分的儒者，并不具备批判中国的那种普遍价值的基准——某种程度上他们所做的事情就是用以前的中国批判现在的中国——中国和价值被混为一谈，被同等看待了。这就是向中国"一边倒"的基本结构。准确地说，"一边倒"不是把外国理想化，而是把外国和理想同一化。更广义地说，就是把具有历史性、特殊性的对象和普遍价值同一化的一种现象。那个外国曾经是中国——这就是状况以及对状况产生的一种心理反应的问题。但是，把特殊的东西和普遍的东西同一化的做法，就是超越了状况和心理的，一种世界观的基本结构的问题了（为什么会形成这样的结构？此处不做讨论。这需要另外写一篇很长的议论文）。

当然，明治以后，状况变了。但我认为，世界观的基本结构本身没变。因此"一边倒"的倾向得以保留，"一边倒"的对象从中国变成了西洋。对于刚开始维新的日本来说，整个西洋就是那个理想。但是，在西洋当中，明治政府比较早地选择倾向俾斯麦（德国）。例如，从欧洲考察回来的谷干城，在给内阁递交的《意见书》中，就已经批评了1887年政府对德国的"一边倒"。

到了"二战"结束后的今天，保守党政府向美国"一边倒"，在讨论《日美安保条约》修改问题的国会答辩环节，居然会说出"美国做的事情肯定没错"这种话，对此我们应该是记忆犹新吧。（日本人姑且不论，不知有多少美国人希望日本政府在国会论辩时所说的这番话都是真的！）但是，当然，在文化的不同领域，会有不同的国家被当作各自的模范。就像海军以英国为模范，陆军以德国为模范那样，画家以法国为模范，音乐家把德国看作圣地。选择哪个国家作为模范的这段历史反映出明治以来日本人判断的正确性。但是，同样的历史也反映出一种倾向，即不管选哪个国家作为模范，都会把那个对象国理想化，然后出现"一边倒"的倾向。"一边倒"并不是政府外交政策上特有的现象，它是明治以来日本人的外国观当中普遍存在的特有的现象。两者的区别只不过是以社会制度为基准去看外国，还是以军事力量为基准去看外国，或者是以油画为基准去看，所依据的基准不同，"一边倒"的对象便不同。还有，根据学英语，还是学法语，或者学德语的不同，一个日本人选择"一边倒"的对象也会不同。第一届伊藤内阁文部大臣井上早在1881年时就曾说过："盖学英语者慕英风，学法语者羡法政。"即便是现在，这种倾向还是非常明显，事到如今，也无须再举例说明了。总之，这就是第一种类型。

为慎重起见，再补充一点，我在这里想要指出的是"一边倒"的事实，而不是它的善恶，评价它的善恶，那是另外一个问题。现在如果要做一个评价，它的优点是如果要向对方学习，那么，不管学的内容是军事技术，还是学问艺术，朝对方"一边倒"的做法会让学习变得容易。去法国学画画，迷上法国的一切就是学习的捷径。不过，要是没有迷上对方的一切，就应该有部分内容可能会很难学到。日本的"现代化"有很多地方是学习西洋，抛开对西洋某些地方"一边倒"的态度，大概也无法展开对这个过程急速推进的思考。但是，"一边倒"不好的地方，就是让现实性的外国观变得不可能了。或者也可以说，外国观就会变成一种主观（态度）。"情人眼里出西施"，这不过是当事人的主观（态度），不是现实性的认识。社会主义，可以成为一种理想。但是，苏联这个具体的国家的现实，应该不是这个理想的完全实现。如果把两者混同起来，那么，这个世界观当然就会脱离现实。如此一来，"一边倒"就有得有失，有长有短。而且，这个得失长短还会因时代和状况的不同而不同。但是，我当前的工作不是详细讨论这个问题，我只能做到把日本人的外国观的特征当作一个事实予以指出。日本人的外国观不止"一边倒"这一个特征，还有一个跟这个把外国理想化相对应的态度，就是把日本理想化。

把日本理想化，然后把这个事实原封不动地当作一种价值；或者，把日本国的事实和它的理想同一化——这些态度我现在暂时把它们称作"国家至上主义"。"日本是神国"和"万邦无比"等思想中，有些观点是粗制滥造的，有些则是下了功夫的，总的来说，它们都属于上述那种观点。从某种意义上说，这种观点都来自《古事记》。《平家物语》里面也有它。还有《神皇正统记》和山鹿素行的《中朝事实》里面也都有反映。但是，这种观点遭到某种程度的理论化，在和外国进行比较的过程中被意识形态化，恐怕是从18世纪的国学者开始的。（本居）宣长对学问的态度是实证主义式的，对艺术（绘画）的态度是写实主义式的。他就以这样的态度阅读了《古事记》，阅读了《源氏物语》。《古事记》里面出现了诸神，所以他就讲了诸神的世界，但宣长自己并没有被神附体。被神附体、变得疯狂的是像平田笃胤①那样的二流学者。宣长直面的敌人是日本国内的儒者（和佛家）。我们不能忘记的是，为了创造出实证性的古典解释学，宣长必须要跟他们做斗争。另外，儒教虽然包含了很多流派，但总的来说，它是以德川政治权力为背景的公认的正统思想，对当时社会整体具有压倒性的支配力量。宣长并不排外。但笃胤从宣长那里继承的并不是对正统思想的反叛和对学问的实证性的方法，他继承的只是对日本神话和传统的强调而已。在笃胤的脑袋瓜子里面，强调日本传统立刻就和疯狂的排外主义联系在了一起。宣长和儒者的斗争是理论上的，笃胤用煽动性的语言诽谤"南蛮人"。"看他们的眼睛，那就是狗眼睛。"——这可以说是"二战"期间"鬼畜英

---

① 平田笃胤（1776—1843），日本江户时代的国学家、思想家，代表作有《古史成文》《灵能真柱》等，著作收入《新修平田笃胤全集》（共21卷）。

美"这个标语的远祖了。总之,当国学者把在日本国内建设新学问作为一个积极的目标而展开工作的时候,排外主义不会出现。当他们失去了这个国内的积极目标的时候,立刻就出现了疯狂的排外主义。

不过,平田笃胤离外国和外国人都还远得很。说出"看他们的眼睛,那就是狗眼睛"这句话的平田笃胤,实际上大概是没见过几个"南蛮人"的眼睛的。到了幕末,19世纪殖民帝国主义接二连三地迫近日本列岛周边的时候,这个情况就完全变了。外国和外国人,当时就以"黑船"为象征,作为一个具体的、压倒性的军事力量出现在眼前。那个时候,日本方面做出的反应,众所周知,第一是"尊王攘夷",第二是"开国"和"维新"。这两个反应的差异,跟目的无关,跟方法有关。目的是要保护国家免受外部的侵略。"尊王攘夷"的方法,直接就是军事性的东西,而"开国"和"维新"的方法则是暂缓军事性冲突,尽快培养我方军事力量的政治性的东西。"尊王攘夷"当然失败了,因为敌我双方军事力量的差距是决定性的。由此产生了想要尽快培养我方军事力量以对付夷人之国的"宏愿"。不过,要建设一支现代化军队,必须要有现代化工业,要建设现代化工业,就要向对方学习技术、制度以实现国家的"现代化"。敏于伺机而动的日本领导人非常明白这些道理,他们立刻将其付诸从"开国"到"维新"的实际行动。明治政府从一开始就是军国主义式的,那也是理所当然的事情了。

那时的日本国是军国主义式的,但不一定有侵略性。为什么呢?因为国家的主要目的不是根据国际形势去获取殖民地,而是要避免自己被殖民地化。危机感笼罩着国家。因此,所有的原理和价值都应该服务、从属于迅速建设现代化军队这个国家的伟大事业。没有哪个目标、理想和价值能够超越"富国强兵"。"富国强兵""扩张国权"的政策性目标,原封不动地和终极理想结成了一体。例如,自由民权论者要求设立国会,这个讨论过程中反映出来的问题就非常典型。福泽谕吉认为,让了让大众对国家防卫产生自发式的热情,让他们参加政治是一个必要手段。然而,对福泽谕吉来说,那可不单是一个手段,它同时也是正义,是当然的权利,是自我目的。不过,在很多自由民权论者的言论当中,有的言论甚至认为连设立国会都不是出自民权一方的目的,而是出自"国权"一方的手段。这个观点跟孟德斯鸠所谓的"国家利益高于个人利益,人类利益高于国家利益"的观点完全是对应的。孟德斯鸠的观点里面,还有一个超越了国家利益的"人类利益",但明治政府的大部分领导人心里是没有一个超越国家利益的价值和原理的,他们心里就只有国家至上主义,而且是军国主义式的国家至上主义。之所以它还没有侵略性,是中日甲午战争之前国内外的形势所致。日俄战争后,形势发生了变化。日本被殖民地化的可能性越来越小,与此同时,获得殖民地的可能性出现了。还有,朝鲜和(日据)台湾的殖民地化获得了事实上的成功。日本的军国主义从守势转为攻势,很快就要带上侵略性的特点了。最后，应该还会出现"持有国和不持有国"这样的标语，它包括了两重含义。

第一，所谓"持有国"就是西洋殖民帝国，"不持有国"就是日本。"不持有国"日本必须成为一个"持有国"。第二，除了日本以外的亚洲各国，既不是"持有国"，也不是"不持有国"，它们是"被持有国"。"不持有国"必须成为"持有国"，"被持有国"必须永远都是"被持有国"。第一点就意味着日本在西洋各国支配下的国际社会中的孤立。那些已经获得殖民地的国家，把这个想从它们那里获得殖民地的国家孤立起来，这是再自然不过的事情了。第二点意味着日本对亚洲各国，尤其是对中国的侵略主义。"落后国"的存在理由就是"被殖民地化"。而且，这种国际性的孤立，和具有侵略性的军国主义紧密联系在了一起。大规模出兵西伯利亚加剧了国际性孤立，国际性孤立又强化了"军队独立行动"。侵略满洲（中国东北），变成了退出国际联盟，退出国际联盟又变成了无限扩大中国战线。扩大中国战线，不用说，必然会造成同盟国方面所说的"包围"日本的态势。"包围态势"煽动了日本国内的"超国家主义"。太平洋战争爆发之前，频繁使用"与其坐以待毙"这样的句子，这句话实际上非常雄辩地描述了国际性孤立的事实及对其的恐惧，还有对恐惧的盲目反应——军国主义。

1945年，日本军国主义破产。国家至上主义又如何呢？现行宪法，在日本历史上首次把《人权宣言》作为国家的基本性原理。人权是超越国家的价值，是普遍性存在。"民权扩张"已经不再是"国权扩张"的手段，其自我就是目的，不如说，"国权扩张"必须是"民权扩张"的手段。现实的国家不一定是理想型的，要从理想的立场出发引导国家。可以说，国家至上主义的理论已经被宪法否定。但实际上，在日本人的意识当中，它是不是被完全否定了呢？如果已经被否定了的话，普遍性价值不仅超越日本，还要超越地球上所有的国家，日本人对外国的态度应该已经发生了根本性的变化。也就是说，战后的"一边倒"，作为政策姑且不论，作为一般性态度，应该不会再发生了。但实际上，又发生了"向苏联一边倒"，还有更甚的"向美国一边倒"。这只意味着一个事实，那就是我方没有确立普遍性价值标准并用其批判苏联和美国，还有其他国家。不仅如此，战后日本没有国家主义式的风潮，只不过是形势的问题而已。也就是说，直接由无条件投降所造成的形势：自信的丧失，被占领，趋炎附势的思想，"向美国一边倒"，反共宣传，等等。但是，所有人都意识到最重要的事情是要重建国家经济。国民已经食不果腹，吃上饭是当务之急，是头等大事。国内的这个大目标，决定了20世纪50年代初期之前的形势。有一个无人持有异议的目标，一个为了温饱而重建国家经济的目标的时候，是不会产生排外性的国家至上主义的。尤其是，重建是在外国的援助之下，在有条件的前提之下的时候，更是如此。但是，这样的形势从50年代后半期开始就逐渐地发生了变化。

《旧金山对日和平条约》带来了独立，朝鲜战争带来了利益，在世界形势向好发展的过程中，日本经济开始"高速增长"，出口扩大。日本制造的商品进入了帝国陆海军都没能挥师挺进的北美大陆和西欧，甚至非洲。但是，伴随日本经济高速增长而来的是向国际市场的无限制进入，那么，整个国家的关注点就不单集中在国内目标上。国内目标，很快被对外的国际性目标所取代。不得不说，甚至出现了某种倾向，从只把出口对象国当作日本商品市场的观点出发去观察市场。那也不是排外主义，更不是侵略主义。但不能否定的是，这种外国观和把对象国看作军队征服对象的外国观——这两种外国观之间存在某种平行关系。不管是日本商品的扩张，还是帝国陆军的挺进，它们都是目的，同时也是手段，是理想，是政策，这样一来，就都不得不走上国家至上主义的道路，因为那里没有超越国家的东西。当然，商品出口从业者是多元的，甚至同一品种出现同类相残的倾向也非常普遍，所以它跟陆军还是大不相同的，陆军可是单一组织，直接体现国家权力本身。但是，不管是不是军国主义，如果没有对跨越国境的普遍性价值的"engagement"，有时就会出现把外国理想化的"一边倒"倾向，有时又会出现把日本理想化的国家主义倾向，两者循环交替的现象很难避免。如此一来，外国以及外国人绝不会作为对等的对象出现在我们面前。

　　为什么呢？因为人在什么东西面前都必须对等，国家也是一样。那个"什么东西"不可能是"高速增长"。但是，可以是

"人权",可以是无条件的"放弃战争"。日本国宪法把这两个事情落实成了文字。因此,问题可能就归结到所谓的"宪法意识的扎根"程度上。日本人的外国观和宪法意识的扎根,看上去像是两件事情,但实际上是一件事情。1945年,军国主义灭亡。但国家至上主义没有灭亡,它处于潜伏状态,现在还是如此。不过,战后日本社会培育出一种力量,使得它无法显现出来。那种力量来自一种把"人权"和无条件"放弃战争"作为普遍性原理来接受的态度。这种态度是日本精神史上具有划时代意义的东西,但也不能说过去完全没有先例。

日本人的外国观当中自古就有不太显著的第三种类型。如果说第一种类型是把外国理想化,第二种类型是把日本理想化,那么,第三种类型就是不论外国或日本,不把现实中的国家理想化,而把现实和理想明确区分开来的那种态度。

日本精神史上最广泛意识到这种想法的最初也是最后的时期,我想应该是13世纪。更具体地说,是12世纪后半叶到13世纪前半叶。为什么当时会第一次出现那样的想法呢?为什么后来又消失了?关于这些问题,我在其他地方(《亲鸾——13世纪思想的一个方面》,日本文化研究,新潮社)有过某种程度的讨论,现在不再重复。比如,对于道元①而言的禅,就是完全超越了现

---

① 道元(1200—1253),日本镰仓时代禅僧,创立曹洞宗。代表作有《正法眼藏》等,著作收入春秋社出版的《道元禅师全集》(共7卷)。

实的国家以及社会的一种理想或原理。他从宋朝返回的时候，日本正在做的都是些搞错了方向的事情，跟禅的本质没有任何关系。但他并没有把宋理想化，他说，在宋的禅林里，真正懂得禅的人，实际上也非常少，大部分和尚都不值一提。道元的日本批评，是彻底的否定，但是，那不是放在跟宋的对比之下的否定，而是以禅的原理为尺度做出的否定。换句话说，道元的理想，超越了宋，超越了日本，总之，超越了现实社会中的一切。同样的道理，放在日莲①身上也说得通。对日莲来说，将军的权威也好，天皇的权威也好，在他的佛面前，一切都等于是无。日莲的佛的超越性，和道元的禅的超越性，可谓势均力敌。从这个立场出发，理论上看应该不会发生向外国"一边倒"和把日本绝对化的"国家至上主义"。但是，13世纪以降，佛教的这种超越性迅速消失。此外，德川时代的儒家把儒教原理当作一个超越性的东西来接受的程度到底如何，那还是个问题。（关于这个问题，我想再找机会讨论。）

明治以后，福泽谕吉说"天不造人上之人"。还有，夏目漱石有"我的个人主义"。但是，一个真正彻底的例子是内村鉴三的"上帝的正义"。除了个人的特例之外，某种特定思想作为超越日本帝国的原理而得到普遍且广泛接受的一个例子，大概就是

---

① 日莲（1222—1282），日本镰仓时代僧人，创立日莲宗。著有《立正安国论》等。

两次世界大战之间的马克思主义。马克思主义对于日本思想史的决定性意义就在于此。怪不得有那么多的马克思主义者"转向"了。但是，也有不少马克思主义者，至少在内心深处，没有发生转向。确实还有很多马克思主义者表现出向苏联这个现实中的外国"一边倒"的态度。但是，也有不少马克思主义者没有把苏联绝对化，却把马克思主义本身绝对化了。总之，不是有不少马克思主义者把马克思主义作为超越性原理来接受吗？我在这里讨论的不是这个原理的妥当性。这完全是另外一个问题。这里的问题是关于接受方式的问题，即某一个原理、理想、价值的基准是如何被接受的。因此，如果要在20世纪寻找一个跟13世纪佛教相当的例子，那么，除马克思主义别无其他。在两次世界大战期间的日本文化当中，马克思主义在某种程度上发挥了宗教在很多文化中所发挥的作用，虽然这只是对一部分知识分子而言的。这种情况在战前就已经存在。也就是说，在战争结束之后，这成为"人权"思想被很多人以同样的方式接受的一个原因。

日本历史之中也有外国观的第三种类型。但那只是一个例外。那会不会不是一个例外，能不能以更大的规模，持续更长的时间呢？这是当下日本的问题。有可能会这样，也有可能不会。不过，总的来看，那种可能性已经显现出来了。

日本人的世界观

1 "对"和"从"的循环

如果说明治以降的日本是现代日本,那么,现代日本人都是如何看待世界和国际形势的呢?它有什么样的特征?尤其是从1868年(明治元年)至今大概90年的时间里,它发生了怎样的变化?这就是我在此提出的问题。我这么问的话,这个问题又变成了,日本国以及日本人对外态度的基础是什么?一般来说,所有对外政策的背景里都有政策支持者关于国际形势所做的特定的事实判断。虽然同样的事实判断不一定会得出同样的政策结论,但比起支持者和反对者在价值判断上的差异,由事实判断本身的差异所导致的情况会更多一些。例如,关于日本安全保障手段的辩论当中,一个判断的前提是强大的邻国以武力入侵"力量的真空",另一个判断的前提是几乎没有任何武力攻击的可能性,那么,这两个判断就是截然不同的。如果不追溯到前提本身,即跟邻国有关的事实判断这个问题本身的话，那么，讨论的差异就得不到解决。比如，1941年1月，很多同盟国方面的人都认为日本不会参战。但是，当年12月初，日本偷袭珍珠港。来自外部的观察者和日本的政策制定者之间的结论存在差异，其中一个很大的原因就是，对于1941年10月的形势，外部的人认为纳粹对苏作战是它的错误，因此判断那是一个失败的征兆，与之相反，日本政府一直确信那是纳粹的胜利。只要当时的日本政府在事实判断上认为纳粹失败的可能性非常大的话，那么，它就肯定会竭力避免把美国拖入战争，自然也不会去偷袭珍珠港。所有的政策都受到形势判断的决定性影响。如果现代日本的对外政策有什么特定倾向的话，那么，这个倾向多少也是日本政策制定者在形势判断上的特定倾向的一个反映。

但是，怎样观察整个国际形势？把它当作一个什么样的东西去了解？——受到这个观察和了解的方法显著影响的，不仅仅是那些对外政策。一般来说，这个国家文化的很多方面，还有国民的很多层面，都会受到整个对外态度的影响。尤其是日本的"现代化"，它就是在欧美的影响之下进行的。日本人如何看待欧美，和日本人受到欧美哪些影响，两者的关系密不可分。欧美最大的影响就是所谓的"现代化"过程本身，所以，它和日本人如何看待"现代化"之间，也应该是密不可分的关系。还有，既然把"现代化"当作一个问题，那么，同时也必然会把所谓"传统"的日本当作一个问题。事实上，很多日本人，或在国内讨论国际政治时，或在国外漫游观察外国文化时，或在讲述经济、美术、道德风俗等国际性的世界时，一直都在不停地围绕着日本的位置及其历史性立场进行自问自答。日本人看到的世界，基本上就是原封不动的、日本人认为的日本的位置。

现代日本人对国际形势敏感，始终保持对外国情况的关注，热衷于把外国和本国进行比较，这些事情都有其相应的历史上的原因。

日本人对于外部世界的这种强烈关注，并不是因为他们有很多机会跟外部接触，而是因为他们跟外部接触的机会很少。首先，就是锁国。毋庸赘言，在日本这个岛国，以某种纯粹的方式去培养独特的地方文化——在这件事情上，锁国发挥了它的作用。这一纯粹培养的文化和"黑船"第一次相遇的时候，日本国民几乎不知道日本外面都发生了什么，他们的理解只能是——好像来了一个很难对付的军事力量。

由此产生的对外部的关注，不过就是单纯的好奇心而已。19世纪末之前，面对那些想要征服、分割、殖民全世界的大国，尤其是英、法、俄、美，日本必须保持独立，要想保持独立，就要把锁国之下形成的体制、技术和文化改造成更有能效的东西，以迅速培养军事力量。然而，为了进行快速改造，除了向对方学习之外别无他法。所谓"现代化"，无非就是通过向对方学习来培养高效能社会和军事力量的一个过程。

可以说，现代日本和外部世界的关系，就始于这种悖论式的双重关注的结构，即为了对抗外部而向外部学习的"对"与"从"的关系。很多西欧国家相互之间国境接壤，历史上反复经历战乱，所以国民对外部的关注主要集中在"对"的方面。法国国民对德国的关注是有传统的，不是为了"从"对方那里学习什么，而是为了"对"对方谋求本国的安全。再有，很多被殖民地化的亚洲国家，被"从"外部强制输入了异质文化。这些国家开始出现"对"外部进行自我主张的强烈倾向，是在第二次世界大战后的反殖民帝国主义抬头之后。不过，只有日本，对外部的关注具备了双重结构，既有"对"外部进行自我主张的一面，也有"从"外部接受影响的一面。

但是，当然，"对"外部进行自我主张和"从"外部接受影响，这两者之间并非毫无矛盾地实现了折中与融合。为了国家的独立，从外部获取"要"，丢弃"不要"——这种事情做起来并不容易。第一，应该从外部获取的"要"，不仅限于单纯的技术，也涉及精神领域。——因为所有的制度都已经跟这个作为背景的特定的价值体系合为一体，所以，既然要输入外国的制度，就不能不把外国的精神也当作一个问题。——这就出现了为了国家的独立只用"要"和"不要"这个尺度没法解决的那一方面的问题。为什么呢？因为所有的文化都有相应的自律性和自我完结性。也就是说，它和自我主张之间的矛盾冲突是不可避免的。此外，自我主张也不是只归结到政治性独立就可以完结。自我主张不仅限于政治方面，它多少还包括经济、文化方面的自我主张。

而且，第二，本国独立所必需的"富国强兵"的观念，一旦远离了自身被殖民地化的危险，马上就会转变为把他国变为殖民地的扩张主义。它变成军国主义，变成排外主义，最终自我发展成涉足军事冒险的超国家主义。到了这个极端性的阶段之后，取外国之长这种观点就失去了容身之地，在文化孤立中自动灭亡。

早在明治初期，日本国内就有"对"外部的国权论，还有以"从"外部吸收思想为背景的自由民权论。以及在之后的各个时代，"对"的关注和"从"的关注都表现出各个时代的特点。最近，还有一个非常极端的例子，以1945年8月为分界线，在此之前是"鬼畜英美"和"日本是神国"，在此之后是"美英民主主义"和"和平国家"。"对"和"从"的双重结构贯穿了日本的所有时代。不过，因时代不同，有的时候日本人的对外态度强调"对"的方面，有的时候则强调"从"的方面，所以，回顾历史，日本现代史看起就像是一个两种态度交替循环的过程。

1868年明治维新以后，大概15年间，是以自由民权运动和鹿鸣馆为象征的"从"的时期。民间有福泽谕吉（1835—1901），急于从外部引进思想；政府方面，则是有组织地派遣岩仓使节团，其目的与其说是刺探敌情，不如说是把应该从外国学习的东西全都拿回来。但是，这个时期相对较短，大概经过10年到15年时间，就转换到了下一个"对"的时期。在这个转换过程中，拿什么作为标志来给"对"的时期做一个限定，这就很难做出一个具有一义性的决定。现在我就以教育方针的确定为标准，把它定在1885年（明治十八年）。

1885年，森有礼（1847—1889）就任第一任文部大臣，制定了国家主义的教育制度之后，一直到1945年这个制度都没有发生根本性的变化。从那时起，到第一次世界大战，日本通过对清朝（1894—1895）和俄罗斯帝国（1904—1905）的战争，在大约30年间，以思想上的天皇制、政治上的军国主义和官僚主义体制、经济上的贫农和廉价劳动力为基础，完成了巨大的资本积累。来自外国的影响被控制在工业技术的最小范围内，而一种强调日本独有的国体、淳风美俗、日本精神的倾向，在社会的所有标准上都显得格外突出。经过这个时期之后，为了保护自己免遭被外国殖民的危险，日本开始"现代化"。而不得不急速展开"现代化"的这个理由，导致"现代化"发生质变，很快就变成了扩张主义。要实现迅速的资本积累，就必须维持廉价劳动，但廉价劳动又导致国内市场变小。这样一来，去国外寻求市场就不得不成为一种"国策"。另外，不依赖外国贷款又能迅速实现资本积累的原因，至少有一部分要归于中日甲午战争的赔款。

19世纪末20世纪初的亚洲——瓜分殖民地进入最后阶段的亚洲——国外市场和战争赔款是能够通过军事手段获得的两重诱惑。而且，通过两场战争的胜利，这两重诱惑变成了现实。日本的军国主义化已经不可避免。但是，要把和外部的接触限定在军事、工业技术领域的话，那是有限度的，只要有接触，外部的各种影响就会多多少少地进来，所以是无法完全被限制住的。还有，普通高等教育的普及在国内形成广泛的知识阶层，知识阶层总是对官制思想表示不满。更何况当这个官制思想，跟社会工业化带来的生产方式变化之间产生不协调的时候，情况就更是如此。从大的方面来看，以日俄战争为界，1885—1914年的30年间，前半期是国家主义倾向占压倒性地位，到了后半期，国家主义倾向一边维持着大的形势，一边在国内催生出强有力的思想上的批判者。最有代表性的，可以说就是从内村鉴三（1861—1930）的非战论开始，经过与谢野晶子①（1878—1942）的《你不要死》，到夏目漱石（1867—1916）的个人主义和幸德秋水（1871—1911）的社会主义倾向。（这个倾向在第一次世界大战之后变得更加显著。因此，这30年的后半部分，也许可以看作向下一个时期过渡的转换期。）

20世纪20年代，即第一次世界大战之后，世界形势发生了变化。世界进入了一个进步主义的时代，它的特征是以国际联盟和"军缩"为代表的国际主义、经济大萧条以及作为其反映形式的社会主义的流行。日本国内有劳资问题引发的动荡，国外有向往和平的乐天主义。这个时期，"对"外部的军国主义式的姿态，已经隐退为背景，反映在表面上的是国际主义。"从"外部进来的影响，不受限制地扩大到了思想和风俗这两个方面。（不受限制的思想上的影响的代表就是马克思主义和无产阶级文学；风俗上的影响的代表是对达达主义和超现实主义的模仿。）新渡户

---

① 与谢野晶子，日本歌人、作家，代表作有和歌集《乱发》等，著作收入讲谈社出版的《定本与谢野晶子全集》（共20卷）。

稻造（1862—1933）的国际主义、吉野作造[①]（1878—1933）的"民本主义"，都称得上是这个时代思想的代表。

然而，我们不能忘记，日本政府对这个所谓的"大正民主主义"风潮给出的回答是《治安维持法》（1925）和特高警察（1928）。为了对言论、出版、集会、结社的自由进行前所未有的镇压，权力做好了充分的法律和制度上的准备的，也正是在这"民主主义"的10年间。

20世纪30年代到1945年的15年战争时期，日本和外部的关系，除了连续的军事冒险之外，别无其他，来自外部的影响在这个时期已经完全消失。日本这一时期看世界就只会用纯粹的军事性观点。但是，不用多说，国际形势并非只受军事性条件的左右。仅凭军事性观点建构起来的世界的形象，是抽象的、片面的，不足以说明复杂的国际形势。因此，比如接到德苏协定的相关报道时，日本首相发表了一个声明，说"奇怪复杂"的国际形势终究还是超出了他的理解能力，只能宣布辞职。这是因为首相在理解德苏协定之前的国际形势时，不是把它作为一个"奇怪复杂"的东西，而是作为一个单纯明快的东西，在他看来，敌我关系通常是明确的，谈事情的话，用武力就应该可以解决。侵略中国也是基于同样的观点，尽管在军事上获得一些成果，但最后却陷入不可收拾的泥沼。为了解决这个棘手的侵华战争，军国主义

[①] 吉野作造，日本政治学家、思想家，提倡"民本主义"。著作收入岩波书店出版的《吉野作造选集》（共16卷）。

式的日本能想到的唯一办法就是，选择在纳粹的侵略战争走进死胡同这个事实终于明朗的时候，针对远比纳粹强大的美国设计一场军事上的冒险行动。如此接连不断的形势判断上的错误，几乎是史无前例的。不论怎样预测战争成败，我认为侵略中国就是日本的罪恶。而我想在此提出的一个问题，不是这件事情的善恶，而是这个时期日本人对世界的印象，它离世界的现实到底有多么遥远。日本人对世界的印象最具空想型特点的时期，就是日本人为了"从"外部接受东西而停止观察外部，仅仅为了"对"外部开战而开始观察外部的那个时期。关注外部时的这个"对"与"从"的双重结构遭到破坏，当一方压倒另一方的时候，世界的现实就超出了日本的理解。

1945年之后，日本再次"从"外部开始接受东西，但这件事情，以及针对这件事情的反动方式，时至今日显然已经不言自明了。

总而言之，纵观现代日本的历史，可以看到有交替出现的两个时期，一个是"从"外部接受东西，国家开放的时期，另一个则是"对"外部进行自我主张，国家表现出排他性的时期。当我们讨论日本人对外部世界的看法这个问题的时候，必须时刻想着这个循环，对其进行观察。但是，这个循环并不是单纯的平面上的循环，而是所谓的螺旋式的循环，即在循环时，它的轴会朝向某个特定的方向。这个方向，毋庸赘言，就是外部世界和日本之间的关系密接化的方向。和明治维新后的15年相比，第一次世界大战后的 10 年，日本和外部国际文化的接触面变大了。在第二次世界大战之后，可以说，不仅范围变大了，而且，它的程度也加深了。在工业化的特定阶段，世界上的每个国家，不知是幸还是不幸，都呈现出某种共通的生活方式。另外，交通、通信手段的显著发展，带来了国际性知识的增加。这种倾向，在第二次世界大战之后迅速凸显出来，现在全世界无论在哪里，几乎不可能存在某种特定的文化能够脱离世界上其他文化而维持下去。

但是，现代日本是如何看世界的？这个问题的本质，在明治初年已经显现出来，尽管之后世界发生了各种各样的变化，但是它基本上没什么变化。这段历史当中存在着某种一贯性。因为时间和篇幅所限，我在这里无法充分展开对螺旋形历史各个时期的探讨，不过，我有充分的时间指出这个一以贯之的态度和观点的特征。而且，幸运的是，我们有明治初期相关的好材料。至少，作为日本人海外考察的记录，它大概是至今为止最广泛、最综合、最深入地触及世界各国文化根底的一份记录。可以说，它具备了日本人对外部世界的看法的几乎所有的特征。这份记录就是《特命全权大使美欧回览实记》(1878)，而特命全权大使就是岩仓具视[1](1825—1883)。这次旅行开始于明治维新后不到三年的时间点上，从 1871 年到 1873 年。我想从这里开始。

---

[1] 岩仓具视，日本政治家，曾任外务卿。1871—1873 年，作为特命全权大使，率领使节团赴美欧各国进行外交访问和文化考察。岩仓使节团的考察结果对明治政府的国家建设和日本的现代化产生了巨大影响。

2 《特命全权大使美欧回览实记》

牧野伸显[①]（1861—1949）后来在《回忆录》（1948）中，边回忆岩仓使节团的派遣，边写道："明治以后，对建设我国之基础最为重要的两件事情，除了废藩置县以外，还必须举出往欧美派遣使节团一事。"

这句话的意思必须从字面来理解。使节团以岩仓为正使，再加上木户[②]、大久保[③]、伊藤[④]、山口[⑤]，随行人员有五六十人，此外，同行的还有锅岛、毛利、前由等藩主以及他们的随行人员。

---

① 牧野伸显，日本政治家，曾任外务大臣、农商务大臣、文部大臣、内大臣等职。大久保利通之子，过继给牧野之丞后改姓牧野。1871年，作为留学生参加岩仓使节团，留学美国。
② 指木户孝允（1833—1877），又称桂小五郎，日本明治维新元勋之一，和大久保利通、西乡隆盛并称维新三杰，曾任文部卿、内务卿等职。1871年，作为副使官参加岩仓使节团，研究各国宪法，回国后提议制定宪法和建设三权分立制国家。
③ 指大久保利通（1830—1878），日本明治维新元勋之一，维新三杰之一，曾任内务卿、大藏卿等职。1871年，作为副使官参加岩仓使节团。1878年，遭暗杀身亡，史称"纪尾井坂之变"。
④ 指伊藤博文（1841—1909），日本政治家，曾任工部卿、宫内卿、外务大臣、枢密院议长、贵族院议长、首任韩国总监、内阁总理大臣等职，立正宪友会创始人。1871年，作为副使官参加岩仓使节团。1909年，遭义士安重根刺杀身亡。
⑤ 指山口尚芳（1839—1894），日本政治家，曾任元老院干事、元老院议官等职。1871年，作为副使官参加岩仓使节团。

明治维新三年后，两年内就向海外派出了这个总人数达七八十人的使节团，政府以及当事人的心里肯定已经是下了相当大的决心。有一点非常明确，即它的目的不单纯是新政府向外国展示礼仪。那它的目的究竟是什么呢？

根据岩仓的书记官畠山义成和久米邦武（1839—1931）的记录，久米编辑出版了《特命全权大使美欧回览实记》，其中"例言"称"明治中兴之政乃古今未有之变革"，其内容第一是开国，第二是通过废藩置县实现政治上的统一，第三是通过确立天皇统帅权获得军事上的统一，"熟察其所由之处，实乃世界气运变化所催生"。因此，对明治政府而言，正确理解"世界气运"才是最为致命、最为重要的事情。而且，"日耳曼之联邦，意大利之法皇，皆为时运所催，以至革百端，勉强维持至今，我邦今日之改革，亦然"。"勉强维持"的正是在当时危机中的改革。了解世界形势，是引导改革走向成功、摆脱危机的当务之急。为了了解所有能够了解到的先例，使节团出发了。

"自东京出发，渡过太平洋，经停美国，再经大西洋，绕到英格兰、苏格兰，再航行至欧洲大陆……自地中海出发，经过红海、阿拉伯海、印度洋等诸海域，回到东京复命"，"美欧两大洲的著名城市，大部分都已考察"的魄力，其来源正是上述的目的。

使节团成员里几乎没人有过海外旅行的经验，这场发生在19世纪70年代的旅行，是一场极其不易的大旅行。"著名城市，大部分都已考察"的说法，也绝非夸张。仅从其勤勉程度来看的话，后来的官员考察，少有能与之匹敌者。因为官员也好，政府也好，国民也好，早就没有那种程度的危机感了。但是，这个日本最早的大规模考察团，看遍了世界上大部分的独立国家，但并不是对所有国家都表现出同样的兴趣。不用说，在它所见识过的国家当中，和日本在国情上有较多类似之处的国家，它会给予特别关注。这种特别的国家，最初就是德意志和意大利两国。"日耳曼之联邦，意大利之法皇，……我邦今日之改革，亦然。"1878年这句看似漫不经心的话，让人想起大半个世纪之后的1940年的日德意同盟。不对，这本来就不是一句漫不经心的话。使节团担忧法兰西民主主义的影响一旦波及外国，就会"离间君民"，但同时它又赞美俾斯麦的德意志，为东洋基督教是"俾斯麦氏放逐的耶稣会"而非"文明国家视作正宗的新教"而感到遗憾。这里说的"文明国家"就是德意志。这种对德意志的赞美，被后来的政府所继承，他们"排斥英国风的有名无实的民主政治，维持普鲁士风的君主制的朝政"，并打算制定明治宪法。岩仓使节团之所以去国外，是为了研究富国强兵的政策，而不是为了寻求民主主义。如果是这样的话，那么，可以说，外国访问者能看到的所有一切，他们都能看到，外国访问者能理解的一切，他们也都能理解。实际上，他们想要寻找富国强兵的根本，最后触及了它与民主主义体制之间的密切关系。

"原来是通过人民公选，产生议员，执立法之权，是为欧洲一般之通法，乃政治之不同于中国、日本之处也。"

但是，欧洲诸国并不是因政治之不同于中国、日本而导致了富强，而是富强这个结果导致了政治的不同。

"方今世界，舟楫相通，乃贸易交际之世，全国权，保国益，国民上下一心，第一，重财产，致富强，应多注意。立法之权由此而生也。"

也就是说，富强在先，"立法之权"在后。最后的目的，归根结底，就是"全国权"。

就连宗教，也可以看作是"燃国势"之"器械"。

"欧洲人民及至信任此教，热心固守，与保持财利无异。因此，宗教之力，筑牢同族之团结，或社会之协同……各国君相以此为器械，以此燃国势。"

然而，我们不能忘了岩仓考察团极为繁忙，他们要考察、记录所有的东西，从道路运输的力学到股票市场的制度，从人民公选议员的政治到风俗习惯的细节。一边想着富国强兵的目标，一边分析评价外国的技术和制度，这正是此次考察的目的。也就是说，岩仓和他所带领的整个团队的考察，并不只是停留在技术和制度的表面。尽管他的目的非常清楚，不对，不如说，正因为他的目的非常清楚，所以他才看到制度的背后有"欧洲人之禀性"和人种上的特征，看到技术进步的背后有历史性的文化，就连宗教，都不把它看作是政治团结的工具，而是深刻地看透了它和道德价值体系之间的关系。

欧洲是"利欲竞争"的世界。但并不是单纯地追求个人的利欲,"欧洲人之禀性中,具有公司团结之风气",所以才能致国家富强。国家也是某种公司,不论是共和制,还是民主制,其本质并无不同。"公司之联结,乃欧洲人彻头彻尾之风景,通过公选首长,产生共和政治,通过世袭,建立君主政治,其面子虽然大不相同,公司性质却大同小异。"——换句话说,欧洲诸国的社会是以社会契约说为原理建立起来的。"欧洲一般皆生活于利欲之竞争中","所谓自主之理,即营求私利之一意",这样的观察就意味着观察者实地确认了"资本主义精神"的活动。岩仓一行,对政治制度的调查抱有特殊的关心,但是,他们也承认19世纪末在欧洲社会背后发挥作用的重大原理是社会契约说和追求资本主义利润。这当然是欧洲历史的问题,而不是欧洲人生来就有的"禀性"的问题。也许是历史性的经济制度产生了"欧洲人之禀性",但不是"禀性"产生了制度。不过,令人惊讶的是,明治政府送去外国的最初的使节团,不仅观察现象,从自己的目的出发去进行批判,而且,还看透了在现象背后发挥作用的普遍性原理。但是,岩仓没有采用现代社会背后的原理,也没有进一步深入探讨能否建设现代国家的问题。他没有直面这个问题,取而代之的,是避开这个问题而诉诸人种论。

"白种人燃于情欲之念,热衷于宗教,缺乏自我抑制之力。概言之,欲望强烈之人种也。黄种人情欲之念淡泊,强于娇柔性情,概言之,欲望淡泊之人种也。故政治之主张亦相反,西洋行保护之政治，东洋行道德之政治。"

还有，"毕竟白种人，燃于性情，缺乏娇柔之力，若不行适其性情之治，则难保安康"。"西洋人种，资性固恶也。似欲情之燃，求福之情亦燃。宗教之旨趣，以引导其情为主而立言者也，不仅与东洋性善之教相反，亦与释氏善根之说相悖。"

总之，因白种人是"欲望强烈之人种"，为抚慰其欲望而用人民公选的政治制度，为引导其欲望，必须有基督教。因黄色人种是"欲望淡泊之人种"，"道德之政治"和"释氏善根之说"就足矣。不用说，这个理论只是欺骗与借口。

一般来说，人种论有两个特征。第一，强调人种差别的论者，他们总是得出自己的人种优越的结论，而绝不会得出相反的结论；第二，用人种去解释两个人种不同的社会在某方面的差异（或优劣），却不对可能造成差异的、人种以外的要素进行探讨。这第二个特征，不用说，是非理性的、不合理的。但是，这两个特征，简言之，认为自己优越的不合理的主张，是所有强调人种差别的论者共通的特点。从疯狂的国学家平田笃胤（1776—1843）到第二次世界大战中的御用学者，无一例外。（还有自黄祸论以来，经过纳粹，到现在针对黑人的人种上的偏见，也都包括在内。）但是，这里我们的问题，既不是比较"白种人"和"黄种人"这种愚蠢的行为，也不是像以前它跟平田派联系在一起，最近又跟"西洋的物质文明·东洋的精神文明"那种通俗标语联系在一起的问题。我们的问题是，聪明又富有洞察力的岩仓一行，为何突然在此提出了这个通俗至极的人种比较论呢？原因恐怕只有一个，那就是为了回日本，他们已经没有其他方法了。换句话说，岩仓去寻找富国强兵策略，为了把事情都限定在富国强兵策略的范围内，除了在某处把他对西洋社会分析的理论切断之外，别无他法。他在美国已经走得太远，走过了头。在美国的时候，他从富国强兵出发，追寻其背后的东西，一直追到不能再追为止。但是，走得太远，就肯定感觉到那已经不是富国强兵策略范围内的东西能够解决的事情了。到了欧洲，马上就要回国，无论如何，他都必须先想起"东洋之道德"。他是在欧洲回览的结论部分，说"白种人"是"欲望强烈之人种"，"黄种人"是"欲望淡泊之人种"的，在这里他第一次提出"东洋行道德之政治"。不过，岩仓究竟是如何看待美国人的道德的呢？

"该国之人皆生长于民主之风，有一视同仁之怀，待人率真可亲，遇事从容不羁，真天地之公民也。"

"遇事从容不羁"和白种人难以抑制情欲，这两种说法可谓天差地别。

"《圣经》乃西洋之法典，人民品行之基本也。将其与东洋相比较，浸润其民心则如四书，不论男女皆以其为贵则如佛典，受欧美人民之尊敬，其盛大，东洋则无可与其比拟之物也。人民敬神之心为勤勉之根本，品行之良乃治安之要素。国家富强则由此而生也。"

富强的背后是人们的品行和勤勉。品行和勤勉的背后是敬神。敬神，与其按照教义去衡量，不如按照实际行动去测算。
"《圣经》的《新约》和《旧约》，吾辈阅之，一部荒唐之谈也"，
但问题不在这个点上，而是要看它"是否以敬神之诚，践修身之
实"。如果把敬神实行的情况和日本的现状进行比较的话，又如
何呢？"东洋之儒教乃修身学，释教乃一宗教也……现观其人民
之实信实行之处，与西洋之基督教孰深孰浅？"

"四书五经在我日本流行虽有两千年"，但能解读者少，唯
"忠孝仁义之名"流传："观操行之实，古往今来，可谓无一人
也"，只是"因势利与生计，失其操，变其说，与时势共沉浮"
而已。

再者，说到佛教时，僧侣终归是"守其威，服其规"，但到
了一般信徒，"念佛祝祷，只受情欲所驱"，"若论其品行在人民
中之显著度，乃世界之最下等也"。

说到基督教时，该教"奇性亦多"，但"实行之笃实，于我
亦不免有惭色"，"有村庄就有教堂，有人群就有集会，理论高深
亦笃信遵行，学说怪诞却由衷崇信"。

这是脱离了"东亚的道德政治"或"东亚的精神文明"等通
俗说法之后的一种观察。但是，岩仓无暇从这种美国观察中得出
应有的结论。或者，可以说，是明治政府没有那个闲工夫。明治
政府领导者所理解的事情，离不开现代陆海军建设和国家工业
化，他们所执行的事情，就是一边利用"忠孝仁义"，一边通过
天皇制快速建构起国民统一的原理。他们当然就没有那个闲工夫

去深入外国"现代化"的精神背景。他们送出去的最初的大规模使节团,就应该从外国带回来富国强兵的所有策略,而不应该带回来任何其他东西。如果有必要的话,哪怕诉诸人种论,以明确彼此之别,也应该停止对外国情况的深入研究。但也不能因此否定岩仓对美国的观察——就算有夸张之处——令人惊讶的敏锐。不仅如此,可以说,后来的日本旅行者鲜少有人能如此清晰地看透西洋文明和基督教之间的关系。

而且,在长期锁国之后,19世纪70年代,第一次访问外国的日本人,不但在美国的政治形态背后看到了伦理和基督教,还在巴黎的进步主义背后看到了历史性文化的持续。

"每见西洋之书库、博物馆,其用意之深,连我东方远国之物,亦爱惜重视,不厌劳苦,予以收拾采录……西洋之能日新,能进步,其根本在于爱古之情也……千百年之知识,若积之,则生文明之光。"

这种观察真是非常精彩。"爱古之情"乃"进步"之"根本"的论点,如果能被尽可能推进到能推进的地方——岩仓没有这么做——就应该能把他引导至更远的地方。至少,关于西洋文化的这些看法,不得不催生出针对明治社会的如下批评。

"西洋之日新、进步之说在日本传播之后,世之轻佻短识者,遂弃旧争新,所谓新物,未必有所得,而应存之旧物多遭破坏至无遗。噫,此岂乃日新之所谓哉,进步之所谓哉!"

"所谓新物,未必有所得","应存之旧物多遭破坏",这跟后来夏目漱石(《现代日本的开化》,1911)所说的情况有相通之处,即"总算下定决心要摆脱旧的浪潮,它的特质也好,真相也好,还没有来得及去分辨,却又不得不抛弃新的浪潮"。漱石从明治日本的"开化"不是"内发的",而是"外发的"观点出发,对其中的理由做了说明,他认为既然是"外发的",就难免"流于表面"。鸥外解读明治社会,说它"正在修建中",不也是这个意思吗?《新归朝者日记》的作者永井荷风也反驳了这种"轻佻""流于表面""正在修建中"的文化。换句话说,在明治文学家当中,那些对周围社会与文化采取有意识立场的人,全部都要面对岩仓在这里提出来的问题。尤其是漱石,他从正面思考过这些问题,他说:"因为现代日本所处的特殊状况,我们的开化,不得已进行了机械性的变化,因此,它只能是在表面上滑行,但它总担心会滑倒,就使劲儿站着不动,结果搞得自己神经衰弱,如果是这样的话,那日本人真是可怜又可叹地陷入了一个荒唐可笑的境地。我的结论不过如此。"岩仓的立场不允许他得出这样的结论。一方面是因为他不是一个文学家,另一方面,则是因为他生活的19世纪70年代,跟漱石生活的20世纪第一个十年是两个完全不同的时代。

岩仓具视一行人,站在他们的立场上,看到了那个时代能看到的所有一切,分析了所有能分析的一切。《回览实记》归纳了现代日本的对外观而毫无多余之处的原因,就在于此。后来的不同时代,不同人去观察、总结的所有世界形象的特征,在那本书里全部都有记录。不仅有他们看了什么，怎么看的，甚至还有他们没看什么。岩仓使节团没看的东西，不用说，就是亚洲各国。明治政府第一次送往海外的考察团也好，第二次世界大战之后日本政府派出皇太子一行的外国首访也好，都是"美欧回览"，在排除亚非各国这一点上，没有任何变化。当然，19世纪70年代，那些地区几乎没有独立国家。但是，使节团的船只，在从欧洲驶向日本的路上，沿途生活着印度人、马来人和中国人，岩仓没有提到他们。他在停泊港所在地观察到的只是"在本国是勤俭顺良之民"的欧洲人"对东南洋有最为暴力侮辱之举动"。据《回览实记》记载，欧洲的"一视同仁论"，一旦到了国外，似乎也不再通用。岩仓没有追问理由，也没有探寻其历史上的意义（以及因此而具有的对日本而言的意义）。他对被殖民地化或半殖民地化后的诸国内部丝毫不感兴趣。使节团的兴趣全部都集中在如何从美欧先进国家那里学到东西，派出使节团的明治政府领导人的兴趣都集中在如何对美欧先进国家扩大国权。《回览实记》本身就是对西洋强调东洋的"道德的政治"，与此同时，又从西洋学习应该学习的技术制度，不仅如此，该书还涉及了西洋伦理性基础和历史性文化之厚重。现代日本最初的有组织的对外观，第一，就是美欧观，第二，包含了"对"美欧和"从"美欧这两个方面，作为统一这两个方面的一个原理，提出了"富国强兵"的目标。"富国强兵"的目标，是在19世纪70年代日本所面临的国际形势的基础之上，敏锐而勤勉的国民自然会不得已而提出的且最后提出来的东西。所有的一切都从这里开始。

3 《劝学篇》

岩仓使节团出使国外的时代，国内有《劝学篇》、自由民权运动和鹿鸣馆。

《劝学篇》是福泽谕吉的启蒙性著作，在1872年（明治五年）到1880年的九年时间里，印刷了22万册。1880年《合本〈劝学篇〉·序》中说："日本人口3500万，国民中每160人中必有一人读过此书。"这本书有几个人看过？考虑到人口中还有不少文盲，也许可以说，明治初年日本读书阶层几乎没有人没接触过这本书。以"天不生人上之人，也不生人下之人"开篇，讲述"实学"，讲述法治国家，从合理主义立场批判佛教和儒教，这些内容从根本上更新了学问和道德观念。《劝学篇》就是国民的思想再教育，也就是教育上的革新运动。

自由民权运动针对的是官僚政府自上而下的改革，也是自我觉醒后的大众所发起的明治年间最初也是最后的一场政治革新运动。众所周知，作为政治家的、早期的板垣退助[①]（1837—1919）和作为思想家的、提出"盖人民为先也，国家为后也"的植木枝

[①] 板垣退助，日本政治家、军人，曾任内务大臣。明治维新元勋之一，与伊藤博文、大隈重信并称宪政三巨人。

盛[①]（1857—1892）都是其中的代表性人物。它作为政治思想的革新性，还有运动的"自下而上"的性质，和福泽在教育上的革新相互呼应。

另外，鹿鸣馆所象征的是风俗上的革新。鹿鸣馆本身就是政府出于对外方面的考虑做的一个设计。聚集在鹿鸣馆的很多人，肯定是从模仿外国人的风俗那里发现了单纯的快乐。以福泽为领导的教育改革，板垣退助率领的自由民权运动，都以输入西洋思想为中心，但是，鹿鸣馆对西洋风俗的引入却是最为直接地引起大众反感的。但是，教育、政治、风俗上的这三个现象，都是从外部引进西洋式的东西，在针对传统式的价值和习惯时都发挥了否定性的作用，从这个意义上来看的话，三者具有共通的方面，它们代表了一个时代的特征。

但是，《劝学篇》和自由民权运动与鹿鸣馆之间的关联，不仅仅是简单地共有"从"外部的立场，更是在那个"从"外部立场的背后，潜藏着一种"对"外部的自觉。至于鹿鸣馆，那个"对"外部的目的，只不过是政策性的、一时性的。"国权的扩张"以修改条约为目标，把废除租界地和实现"内地杂居"作为目标，这个阶段，要向谈判对象西洋人说明原因，就必须要"改正风俗"。于是，开始举办舞会，禁止佩带腰刀，建造西洋式的

[①] 植木枝盛，日本政治家、思想家、自由民权运动家。代表作有《民权自由论》《天赋人权论》等。著作收入岩波书店出版的《植木枝盛集》（共10卷）。

旅馆。这就跟一边主动申办奥运会，一边修建"不让外国人笑话"的马路，建造大量西洋式旅馆，最后大赚一笔的情况是一样的。时至今日，东京都要修路的时候，只为缴纳重税的日本人这么一个理由是不够的，还必须有"不让外国人笑话"这么一句话才行。19世纪末的日本人，连办舞会都不是为了自己的娱乐，而是为了扩张国权。当然，那不过是名目而已。但是，连娱乐也要有个名目，而且那个名目还得跟外国人对等，这个事实从久远的鹿鸣馆时代一直持续到了今天。实现对等的手段，要而言之，就是西洋化。但是，对于任何一个处于外国文化压倒性影响之下的小国来说，鹿鸣馆只是无法避免的风俗上的混乱的一幅讽刺画。福泽谕吉，还有自由民权运动，当然就没那么简单。

福泽的讨论（《劝学篇》三篇）是这样的。

"环顾整个世界，有文明开化、文字和武备皆盛的富强之国，也有野蛮未开、文武皆不行的贫弱之国。一般来说，欧洲、美洲诸国既富且强，亚洲、非洲诸国则贫而弱。"这种贫富强弱的差距是怎么产生的呢？"非天然之约束。源自人之勉与不勉，可变之物也。"因此，"我日本国人如果也能志于学问，充沛气力，先谋求个人之独立"，就能"致一国之富强"。

"个人之独立"是国家富强所必需的，也是国家独立本身所必需的。"民可使由之，不可使知之"是"孔子的教诲，其实大谬不然也"，按此教诲操作，那么，就无法唤起国民性的自觉。没有国民性的自觉，认为自己对于国家的位置只是"客人"而已，在这样的人民当中则无法组建强大的军队，道理就在这里。"想要针对外国，保卫我国"，就必须"让全国充满自由独立的风气"。

这里福泽的目标很明显就是富国强兵。而且，他也看到国家独立容易却很难保持的国际形势，认为以富国强兵来维护国权才是当务之急。首先必须是"对"外，然后是"从"外部学习。只是在福泽看来，应该"从"外部学习的东西不单单是技术，还有扩大民权和支持扩大民权的自由独立的风气，归根结底，就是平等思想。他说的"个人独立而国家独立"，就是这个意思。但是，如果应该"从"外学习的东西是平等思想的话——思想这个东西从性质上，在学到的那一瞬间，就不再是简单地"从"外部来的东西，所以——这个平等思想还会转变性质，成为"对"外态度本身。那个时候，国权的扩张早就不再是无条件赋予的不言自明的原理，它会变成附带条件的，从原来的平等思想中引导出来的一个结论。不论富强程度如何，日本和西洋诸国"于一国之权义，无毫厘之轻重"的说法，正是"天不生人上之人"的思想在国际关系上的拓展。"自由独立之事，不仅在于个人，也在于一国之上。"但是，这样的道理，当然，不仅适用于西洋诸国和日本之间的关系，即便在日本和中国之间的关系上也应该是适用的。换句话说，日本的国权也必须"从天理人道"。也就是说，国权受平等思想限制，是附带条件的。而且，就是在这一点上，在野的福泽谕吉的立场，和岩仓具视这个最聪明的官僚的立场之间，存在着本质上的差异。对于明治政府来说，扩张国权并不是程度上的问题，它是一个被无条件赋予的目标，只有为了达到这个目标而使用的手段才是问题所在。这一点最鲜明地反映在了政府的教育方针上。早在1881年（明治十四年），福泽等人的教科书就被彻底清除，儒教伦理读本再次复活，取代了翻译教科书。福泽自己也写道："自十四年以来，政府当局者不知基于何种看法，迅速改变教育方针……奖励古代的道德，把全天下的教育都禁锢在忠孝爱国的范围之内……"（《教育方针变化之结果》）自由民权运动最蓬勃发展的时期是以1880年为中心的，前后大概三年的时间。政府当局者的"观点"不就是出于对抗自由民权运动的考虑吗？在日本现代史上第一次大众运动蓬勃发展的这段时期，明治初年的政府采取的果断措施，就是《集会条例》（1880）和教育的"忠孝爱国"化。《集会条例》是政治上的对策，纠正教育的"过头"，把它插回到原来的那把"忠孝爱国"的刀鞘，这是精神上的对策。（20世纪50年代政府的做法，也许可以说完全忠实于这个"传统"。即在制定《破坏活动防治法案》的同时，为了纠正战后教育的"过头"而再次积极地强调爱国心。）政府的想法——勉强来说，就在那个想法明确下来的那一瞬间，它跟福泽的想法在本质上必然是截然不同的东西。

福泽谕吉最初接触"西洋"是通过兰学。但是，据《福翁自传》，他在26岁时已经意识到学习"英学"的必要，并开始学习英语。动机是他去横滨租界地时发现荷兰语说不通，不过，有可能更重要的原因是"他早就知道当今世界英语已经通行"了吧。福泽第一次去外国是1860年。1862年的时候，他还去了欧洲。他认为，"日本不文不明的家伙们飞扬跋扈，攘夷论越盛行，日本的国威就越衰弱"。"察我国当今之形势，若举不及外国者，曰学术、曰商业、曰法律是也。"（《劝学篇》）除了攘夷论者视作问题的外国军事力量之外，福泽还看到了其他这么多的东西。而且，还不止这些，比起技术方面的事情，让26岁的他感到更为吃惊的是，在美国没人把华盛顿的子孙当回事。"一说是华盛顿的子孙，就觉得那肯定是了不起的人物，因为我们脑子里的想法跟源赖朝[①]、德川家康[②]一样，我照着这个思路进行推论，然后请教对方"，对方是个美国人，对华盛顿的子孙在哪里做什么事情，完全不感兴趣，"冷淡地回答说，他没什么想法"（《福翁自传》）——这就说明美国人对总统和政府的态度，与日本人对"上头"的态度，是完全不同的。岩仓有组织地对此进行了观察和分析。但是，福泽比他更早地从外国体验当中总结出了抽象的原理。这个原理就是"天不造人上之人"。所以，才能第一次从他口中说出这样的话："立法保护人民，这本来就是政府这门生意的职责所在。不可称其为隆恩。政府如果

[①] 源赖朝（1147—1199），日本镰仓时代武将、政治家，镰仓幕府第一代将军。
[②] 德川家康（1543—1616），日本室町时代武将，战国大名，江户幕府第一代将军。

把保护人民当作隆恩,那农民和商人就可以把交给政府的年贡叫作隆恩。"(《劝学篇》)(说点题外话,"隆恩"和"父母心"相似。政府和官员表现出"父母心",谈论"父母心"的时候,谁都不觉得有什么奇怪之处。这种现象不只出现在1880年前后,它至少持续到1945年。福泽努力想要表达的是,只要有这种现象存在,就谈不上什么现代国家。)他对学者和知识分子成为官僚的倾向也进行了批判,并始终坚持这一立场。为了了解国际形势,福泽就连在对外国进行比较和评价时,都主要以富强为标准。这一点我在前面已经指出。如果再补充一句的话,以富强为标准去观察外国,必然结果就是无法从内部去观察亚洲诸国,尤其是中国。自由民权派又怎样呢?

冈义武[①]氏查阅了自由民权论盛行的1879—1881年三年间民权派报纸中的言论(《朝野》《邮便报知》《曙》《东京横滨每日》)。(《明治初期自由民权论者所见当时的国际形势》,"明治史研究丛书"第四卷,1957)根据冈氏的调查,民权派报纸把国际形势的本质理解为"弱肉强食"。他们还特别害怕英俄帝国主义的入侵,有的说"欲维护一国之独立,不恃兵力,夫复何恃"(明治十二年4月8日,《邮便报知》),有的热衷于对军事形势的

[①] 冈义武(1902—1990),日本政治家、东京大学名誉教授,专攻政治史。代表作有《近代欧洲政治史》《国际政治史》等,著作收入岩波书店出版的《冈义武著作集》(共8卷)。

分析，认为"朝鲜即我西北之门户，若不守卫此门户，则我邦之独立，绝非安全"（明治十三年12月9日，《朝野》）。即便对清朝的理解，也只是停留在"未能善用平素开明器物，一扫旧习，定下富国强兵之基"（明治十三年4月28日，《邮便报知》）之类的批判。不得不说，民权派报纸的世界形势分析和藩阀政府的相比，相距并不遥远。

1880年，板垣退助写了《无上政法论》。他认为，在国际性的世界当中，"往往就是弱肉强食也"，为了解决这个"弱肉强食"的现实，他提出观点，认为必须要成立"万国共议政府"。但是，关于这个叫作"万国共议政府"的组织，他只做了笼统的说明（特别是如何行使国际性武力这一点，几乎没有任何说明）。还有，关于如何建立这样的政府，也没有任何具体的说明。如此笼统的"国际联盟"的预感，至少在19世纪80年代的形势之下，是没有办法跟任何具体的政策结合在一起的。因此，作为能跟政策结合的形势分析，就只剩下了"弱肉强食论"。而且，他的"弱肉强食论"已经跟"人种"结合在一起。如今全世界已经成为"白种人之巢窟，慨叹欧洲人种之业，遍布世界各国之实也甚，逞其威于天下也"。福泽没有这么说。《劝学篇》指出强国都集中在欧洲之后，认为这一现象的成因并非自然性的。这种"弱肉强食论"和"白色人种观"的不严谨的结合，早就被19世纪80年代自由民权运动最盛期的板垣退助所发现，这一点也许比他想到"万国共议政府"来得更加重要。三年后他写的《西洋见闻一斑》则没有什么内容。七年后他在《亚细亚贸易趣意书》中,一边感叹"近时我邦与欧美各国交际愈密,与亚洲各国交际愈疏"的形势,一边却为英美德法在清国拥有租界,"独我日本在清国各港中没有一定之租界"而感到遗憾。板垣叹息的,不是外国帝国主义在清国有租界,而是日本没有成为这些帝国主义国家的一员!从这个想法出发,就不难理解他提出海军扩张(1892),说"我国富强之策在于殖民政略",甚至开始说,如果没有锁国的话,日本也会跟大英帝国一样"称霸亚洲"(1892)。板垣当然支持明治政府发动的战争。"我国今日之地位……不战而无生存之希望,战或有万一生存之期待。"(《对日俄时局表我国之意》,1904)换句话说,"与其坐以待毙,不若战而赌运也"。哪场战争不是以此为由发动的呢?但是,这所有的一切都跟自由民权运动没有关系。运动早就已经结束了。跟自由民权一起,还有,跟福泽指导下的教育一起,最晚于1885年,一个时代就已经结束了。

4 "对"和"从"的分裂

19世纪80年代后半期,是奠定天皇制国家基础的时期,即从小学、中学、师范《学校令》和《帝国大学令》(1886)开始,经过《保安条例》(1887),到《大日本帝国宪法》(1889)的公布和《教育敕语》(1890)的颁布结束。之后的日本帝国就只剩下对外准备两场战争、"赢得"战争,且一边维持农村的高地租和工厂劳动者的低工资,一边朝着建设工业化社会的目标笔直前进。

1885年,森有礼就任首任文部大臣的时候,小学教科书就已经在强调忠孝的道德,吸收"从"外部来的知识只能限定在技术的范围内。永井道雄(《现代日本思想史讲座》第四卷)指出,留给森有礼的工作就是建立极端国家主义的军队式的师范学校,与此同时,把它们和相对比较自由主义的帝国大学联结在一起。师范学校,也就是培养义务教育阶段教员的地方,主要是"培养人物",而不是知识分子。"培养人物"主要通过住校制、每周六小时的军队式体操、奖励学生之间相互举报等手段来进行。首先培养"驯良"的国民,但只有"驯良"是做不了学问的,所以要给一部分选拔出来的优秀人才以研究学问所需的一定程度的自由,重视知识性教育。前者是在师范学校,后者是在帝国大学。帝国大学在雇用外国教师、使用外语教科书方面没有任何的犹豫。(比如,东京帝国大学医学部,历史上大概分为三个阶段。第一阶段的内科、外科教授都是德国人,讲义都是德语的。第二阶段,通过德语学习医学的日本教授用日语讲课,但教材基本上全部都是外文的。到了第三阶段,大部分教科书才开始变成日文的。)19世纪80年代后半期,日本正打算结束在外国影响之下进行制度改革的工作。需要继续从外部引进的只有高级技术和学问。1889年,森有礼发表演说,"学术的目的必须专一为国。例如，在帝国大学掌管教务，若遇到是为学术，还是为国家的选择，就应该把国家放在最先，必须最为重视"。学术也许可以从外部学习，但从外部学习，只不过是对外主张国权的一种手段。这不仅是帝国大学的目的，也是对明治政府普遍的最为典型的对外态度的一种说明。

1885年，原熊本镇台司令官谷干城（1837—1911）就任农商大臣。他于1886年赴欧洲考察，1887年回国，向内阁提交《意见书》（《遗稿下卷》，1912，89页）之后就辞职了。该文以"干城奉命考察欧美，思虑本邦将来之事，甚为忧虑，兹陈述鄙人浅见，欲供内阁诸公阅览"开篇，列举并指出了日本社会的人情之弊、内阁之弊、轻佻之弊和行政之弊等。

弊害之一，就是政府的"一边倒"。"在外国静观之，政府之方针倾向于德国……政府方针，一是德国，二亦是德国，频频倾向于德国，遂如万国争夺之商业，政府若施保护于德国人……"而致他国不满，也是理所当然的。岩仓考察团也曾说过，对于"我国之改革"，德意两国之例是最有参考价值的。同样的想法（如此想来，日本政府的"一边倒"看上去跟"在外国静观"多少有些不协调，绝不是最近才开始的），也出现在第二次伊藤内阁的文部大臣井上①的意见书（1881）中，"盖学英语者慕英风，

---

① 指井上馨（1836—1915），日本政治家，曾任外务卿、农商务大臣、内务大臣、大藏大臣等职。

学法语者羡法政，自然之势也。现今欧洲各国之建国，唯德国与我国相近者也"（《现代日本思想史讲座》第一卷，73页）。总而言之，前将军谷干城在欧美考察过程中，不仅注意到了军事技术方面的问题，还注意到了舆论在政治中扮演的角色。当他说"我国若前无舆论支持，后无兵马储备，绝不可能表达其愿望也"，"制定政策禁止报纸、集会，如同暗夜与敌军冲突"的时候，他心里想的不是俾斯麦的德国，而是英美社会。这里所说的日本的"愿望"，直接地说，就是指修改条约，强调作为外交谈判背景，除了"兵马储备"以外，还必须有国内的"舆论支持"，批评了政府镇压言论的政策。

但是，谷干城最关心的不是舆论也不是民权，而是国权的扩张，而国权扩张的国际性背景，不用说，正是从军事性观点出发进行理解的。在"外交之弊"方面，他所分析的国际形势是，第一，"欧洲早晚定会兵戎相见"，第二，欧洲的战争还会波及东洋，而日本的作用就是欧洲所不具备的，"在东洋诸国之中执牛耳、当盟主"者也。这个"东洋盟主"思想才是明治日本人在讨论日本的国际地位时，几乎都会得出的一个结论。而且，这个结论的前提是欧洲即将开始的战争肯定会波及东洋，所以自然就直接跟军事性提案联系了起来。"我邦若能拥有坚固之兵舰二十艘，精锐之陆军十万……"，就足以当上"东洋盟主"。——作为外交上的武器，当前的修改条约发挥了舆论上的作用，谷干城对此给予高度评价，他也把长期性外交方针还原为"兵舰二十艘""陆军十万"。再重复一遍，这里强调的是，战争不可避免的形势判断，和日本作为"东洋盟主"的作用。至于外部世界以及日本在其中发挥的作用，完全是从军事观点来考虑的，它跟民权思想之间早就没有任何内在的关联了。而且，这样的想法，既不是谷干城的特殊想法，也不是官僚特有的想法，比如几年后，德富健次郎（1868—1927）(《寄生木》)把它翻译成面向少年的表达，在民间受到广泛的欢迎。"地球上，迟早难免一场黄白两个人种间的冲突。"(《战争的不可避免性》)"实际上，东洋黄种人的代表就只有我们日本。"(《东洋盟主》)响应谷干城的"兵舰二十艘""陆军十万"，就有了"我日本男儿，迅速雄起，成为军人"之说。间隔十年接连发动的两场战争（中日甲午战争，1894—1895；日俄战争，1904—1905），把这种军国主义世界观变成了一种决定性的东西。民权早就不成为问题，只有国权的扩张及其军事手段才是问题。

但是，国权扩张和民权扩张之间的分裂，并没有在19世纪80年代结束。正如我已经指出的，一个要求是"对"外要求国权，一个要求是"从"外而来的影响不止停留在技术的输入，还要扩大到民权思想，这两个要求原本就包含在现代日本的出发点之中。19世纪80年代的森有礼和谷干城把民权的扩张限制在最小限度之内，但是，民间所谓的"国民主义"，正如丸山真男氏所指出的那样(《陆羯南和国民主义》)，绝对没有无视民权。

"所谓国民政治，对外意味着国民的独立，而于内则意味着

国民的统一。"(陆羯南《近时政论考》，1890，转引自丸山氏）

所谓"国民的统一"，就是"应属于全体国民者，必将使之成为国民性的"，"世俗所谓的舆论政治"和这里所说的"国民政治"大概是相同的东西。如果是这样的话，这里所说的对外的"国民的独立"和于内的"国民的统一"，可以分别看作国权和民权。在寻找这两个要素之间的关联这一点上，19世纪80年代的陆羯南（1857—1907）跟70年代的福泽谕吉之间，相距并不遥远。他们的差别就只是着力点的不同而已，福泽强调民权，而陆羯南则把重点转移到了国权上。

但是，80年代以后明治政府的态度，在《保安条例》之前和之后，发生了巨大的变化。陆羯南的《日本新闻》在17年间（1889—1905）遭遇了31次，总计233天的禁止发行，这也是因为时代变了，政府的立场变得强硬了的缘故（见前引的丸山氏论文）。陆羯南自己在主张国家的独立这一点上和福泽一样，但他提出"国民的统一"，替代福泽的"个人的独立"，在这一点上，比起《劝学篇》来算是倒退了一步。然而，就连在那倒退了一步的地方，要想坚持一贯立场，也难免会被镇压。

如果可以用图来表示的话，那么，明治日本对外观的起点就是"对"和"从"的关联，这个关联又对应到国权和民权、国家独立和个人独立的关联。岩仓对外国的评价和福泽的政治思想就是这些关联的典型反映。然而，明治维新后10年乃至15年的时间里，政府方面斩断了这些关联，选择了牺牲民权、扩张国权的方向。也就是说，民权和国权的分裂，首先发生在权力的思考模式内部。在民间，如果把很多自由民权论者向权力投降的事情放在一边的话，可以说，这种分裂是要来得迟一些的。19世纪90年代，经营《日本新闻》的陆羯南就是典型。但是，如果在跟民权无关的情况下主张国权，那么，主张民权也要斩断跟国权之间的关联——出现这种情况也不过是时间问题而已。换句话说，明治社会主张民权，总是会跟反权力的态度联系在一起。这个时期，必须是社会工业化发展到一定阶段的时候。（是把"一定阶段"叫作资本原始积累过程的结束，还是把它看作工业发展"起飞"准备完成的时期，这大概要看个人的喜好。现在，只要把这个时期定位在20世纪初，大概在日俄战争前后就足够了。）为什么呢？因为那时有工厂工人第一次作为有力的社会阶层出现，与此同时，还出现了接受过高等教育的广大中产阶级——如果这么说不合适的话，就叫中间层好了。在民权和国权关联理论的背景之下，明治初期的福泽思考了中产阶级的培养问题。当然，这里有两层意思。第一，那里还没有应该培养的中产阶级（政治上没有自觉意识的中间层）。第二，他的心里完全没有工人阶级。不过，随着具备较高教育程度的广大中间层被创造出来，且其中一部分没有被编入权力体制，那么，他们就有可能针对权力发挥他们的批判功能。换句话说，在国权和民权分裂的状况之下，只有在那个时候，才有可能针对国权去主张民权。比如，夏目漱石就是一个典型的例子。此外，如果思考一下福泽没有思考过的工人阶级，采用福泽那种比较直接的联结的做法，是无法把国权和民权联系在一起的。因为富国强兵（说得再稍微准确一点，就是迅速的工业化及在此基础之上的军国主义）的目标和工人阶级的利益之间，存在着明显的矛盾和对立。现在，中日甲午战争、日俄战争的胜利，丝毫也没有解决矿毒事件、女工哀史和经济大萧条。反而是在战争胜利的背景之下，恐怕还存在着作为必要条件的高额的佃租和低廉的工资。这个时候，如果要主张佃农以及工厂劳动者的民权，福泽的理论早就无法作为支撑了。只能跟国权正面对抗，主张民权，幸德秋水就是典型的例子。明治末年（1910），令人绝望的民权的要求体现在大逆事件上，扩张国权的要求体现在与朝鲜的合并上。国权和民权在那时彻底分裂，一直到第二次世界大战之后，这都是日本政治状况的一个特征。不过，在展开这个话题之前，我们必须注意到，国权论和民权论的分裂，使得民权论者的视线从外部移开的同时，还使得国权论者看外部的眼光变得迟钝。所谓的外部，就是国际关系。处于国际关系中的日本，通过国权来表达自身。主张民权的立场，至少和看清楚日本在国际关系中的角色这样的工作，是联系不到一起的。还有，在国内无视民权，把注意力都集中到扩张对外的国权的那种立场，在解释外国的时候，有无视影响外交政策的那个国家的大众动向的倾向。但是，如果无视美国国内的舆论，就很难解释美国政府的外交政策。更不必说，只把外国的革命当作军事力量平衡上的问题来进行解释的国权论者，他们手里肯定没有任何线索去判断革命政府的意义。明治日本的国权论和民权论之间的分裂,使得之后的日本人对国际形势的判断,至少跟之前的日本人的判断比起来,应该是很不切实际的。在工业和军事力量迅速发展的同时,对国际形势的判断能力却急速下降。

偷袭珍珠港只不过是最后的一个"结论"而已。军事能力上的高能和国际形势理解上的低能,两者之间的惊人结合绝非始于1941年。

20世纪第一个十年,夏目漱石的《我的个人主义》(1915)比起40年前福泽谕吉的个人"独立"主义,也许是更加彻底的。漱石说"如果想要彻底发展自己的个性,也必须同时尊重他人的个性",这是个人主义的第一原理。福泽讨厌当官,漱石也早早辞去官立大学的教职进了报社。他在《入社辞》(1907)里写道:"从大学辞职,进入报社之后,见我的人都是一脸惊讶。……如果说办报社是门生意,那么,办大学也是门生意。……差别只不过一个是个人经营,一个是上头经营而已。"另外,还有众所周知的他拒绝了官员"授予"的博士称号,他说:"你说给,人家就会高兴收下,有这种想法就不对。这就是所谓的以己度人。你没有任何理由要为了这种疏忽去给别人添麻烦。"(1911)

但是,关于所谓的个人主义和国家主义之间的关系,漱石并没有像福泽那样留下清晰表达自己观点的文字。《我的个人主义》涉及这一点的就只有"国家越危险,个人的自由就越受限,国家太平的时候，个人的自由就会膨胀起来，这是当然的"。这里说的国家"危险"或"太平"，从前后文推测的话，就是对外的意思。"太平的时候，个人的自由就会膨胀起来"，要说这是"当然"，那肯定是"当然"的，但不仅仅是事实上的当然，也是价值判断上的当然。因为国与国之间没有"德义心"，从这个意义上来看，"国家层面的道德，跟个人道德比起来，段位要低得多"。至于1915年的日本，因为"现在国家的性质还不是马上要崩溃，或是要濒临灭亡"，所以，漱石认为"没必要老是那么嚷嚷着国家国家的"。他的重点显然在个人的自由那一边，而不是在国家进行必要的限制那一边。然而，漱石的这个想法里包含着一种苦涩的妥协。国家陷入危险之后再去限制个人的自由，是否还来得及？另外，反过来说，一个限制个人自由的国家，它不就存在着一种以国家有危险为由，不断地把这种限制持久化、制度化的倾向吗？漱石给出了这个问题的答案。而且，1915年，第一次世界大战正在进行中。他到底是怎么看待那次大战的呢？所幸的是在《点头录》（1916）中有文章提到了"一战"。第一，这次战争"不能看作是为了人道的战争，也不是为了信仰的战争，更不是有意义的、为了文明的冲突"。"只能把它看作是军国主义的一个发展，除此之外，别无解决之道。"第二，"以德国为代表的军国主义，破坏了英法培育的个人的自由吗？"这才是问题所在，而"国土、疆域、拉丁民族、条顿人种和所有具象的事项"，不论变成什么样，都不会成为问题。

"我充分认识到德国鼓吹到今日的军国精神,对其敌国即英法造成了巨大的影响,与此同时,我也为这种时代错误式的精神,对热爱自由与和平的他们所造成的巨大影响而感到悲哀。"

这里说的军国主义,正如漱石自己溯源德国史学来加以说明的那样,它并不是国家陷入危险而临时采取的一种手段。英国采取了临时性的强制征兵制,摆脱危机之后又废止了该制度。这些事情在英国之所以成为可能,应该看到背后还隐藏着个人和国家之间那种积极的、密切的关系,这种关系超越了那种个人的自由在国家陷入危险时当然要受限制的关系。既然要思考普鲁士军国主义和英国的个人主义式的自由主义之间的对立,那么,军国主义的内部构造也好,个人主义的传统道理也好,只靠"和平时期尊重个人,战争时期尊重国家"这样的原理,是无法充分加以说明的。因为军国主义式的社会和自由主义式的社会,在和平时期就存在着巨大的差异,更不用说在战争时期,就连打仗的方式都不一样。漱石没有深入地探讨过这种差异。

漱石追根究底所思考的内容,如前文所述,就是"现代日本的开化"这个问题。换言之,就是对于日本文化而言,西洋文化压倒性的影响究竟意味着什么。既然漱石指出那种急速的、压倒性的影响,在各个方面都造成了一种肤浅的、轻率的倾向,那么,他的见解就跟鸥外和荷风没什么差别,而且,跟早先的岩仓具视以来的所有敏锐的观察家的见解也是一致的。(第一次世界大战之后,很多所谓大正文学的作家们并没有这样的见解,他们热衷于引进西洋新文学，因为他们已经不再是敏锐的观察家。所谓敏锐的观察家，就是接受过眼力方面训练的观察家。眼力方面的训练，如果是画面的话，就需要接触一流的作品，如果是文化的话，就需要接触高度洗练的文化体系。大正文学，尤其是很多"新感觉派"的作家们，早就远离了江户文化，他们跟西洋文化之间的距离，则更加遥远。他们知道的只有马克思主义，还有超现实主义的翻译而已。不幸的是，这些翻译存在着太多的误译。）但是，很独特的一点就是，漱石从正面承认了那种"肤浅"是难以避免的，而且，他在其中看到的几乎都是悲剧，但却不抽身离开那里。鸥外奔向了史学。荷风本想循鸥外的先例而未果，最终放弃了文学（关于这一点，已在别处有过讨论，此处不再重复。《世界》拙文，1960—1961）。漱石自己没有意识到的是，西洋文化的影响和江户以来传统文化之间的关系，不单是对立的关系，反过来还有可能是一种协力的关系。越是深受传统文化滋养的人或社会，对社会上外来文化的理解就会越深入，最精彩的一个实例就是漱石自己。还有鸥外，是因为他熟悉和汉之学，所以才熟悉洋学，而不是他不仅熟悉和汉之学，还熟悉洋学。为何如此呢？漱石并没有思考这些事情，大概也无暇去思考，因为他倾尽全力要建构的是他自己的"个人主义"，那可是一个孤独而费力的工作。从结果来看，漱石的眼睛离开了外部，逐渐转向内部——不仅是日本的内部，还有他自己的内部。当漱石说，富国强兵已经不是国家的目标的时候，他并没有思考国家的其他目标,而是想要逃离国家的问题。

不仅是漱石,还有反对日俄战争的与谢野晶子,第一次世界大战期间正在欧洲留学的河上肇(1879—1946),他们都批评过政府的方针,而不是在已有的形势之下,为政府提供其他可用的方针。就像唐泽富太郎①氏(《教科书的历史》)所指出的那样,文部省的国家指定教科书里有《水兵之母》,出现了"军国之母"的理想,说"为何要出征打仗,只为舍命报君也"。针对这一点,晶子写下来《你不要死》(1904)。"父母没有叫你拿着刀去杀人,养你到二十四岁啊,教的都是杀人者偿命。"——她把打仗叫作"禽兽道",说天皇自己不会去打仗,和"被军队包围的弟弟"的生命比起来,"旅顺城亡了也好,不亡也好",都不是什么大问题。但是,旅顺城不亡的话,就很难断言,日本军国主义不会崩坏,俄罗斯帝国不会占领日本本土,并把它变成殖民地。晶子站在人道的立场上,拒绝富国强兵,同时,她也把国家主权的独立放在考虑之外。第一次世界大战刚开战的时候,河上肇在德国,他想要留在当地,未果后渡英,在那里写下了英德比较论(《回望祖国》,1915)。他写道:"总的来说,英国的做法是想象一个最坏的情况,然后做好应对的准备。实际上,即便战争开始之后,德国的报纸具有很明显的对胜利进行夸大报道、对失败进

---

① 唐泽富太郎(1911—2004),日本教育学家,东京大学名誉教授,专攻日本教育史。代表作有《日本教育史》。

行隐瞒的倾向，而英国的报纸则与之相反，对最糟糕的情况做出夸张的警告，对有利的形势尽可能做低调的解释。"正因为河上高度评价过"把所有事物都整顿得井然有序"的德国文化，才可以说他在英国的这种观察是非常敏锐的。但他在《回望祖国》中写的内容就是偷懒式地重复"西洋的物质文明，东洋的精神文明"之类的套话。"西洋是科学的国度，是分析式的知识的国度。日本是禅学的国度，是以心传心式的知识的国度。西洋是物的国度。日本是心的国度。"如果把1915年河上肇的这种感想，和1871—1873年岩仓《西洋之心》中的结构分析做一下比较的话，就无法否定河上的理解是不严谨的。为什么他的理解是不严谨的呢？肯定是因为他对问题的关心，不像岩仓那么认真。河上的关心，——不，一个社会主义者认真关心的对象在别的地方。总的来说，在和国家权力相对立的条件下，主张民权、主张个人独立的民权论者和个人主义者，他们的关心都脱离了国际形势。民权论者和个人主义者都在日本国内，所以他们不考虑对外问题也可以进行讨论和行动。但是，无论是哪个国家的政府，都不可能不考虑对外问题。

不过，也有学者一边明确反对明治政府的方针，一边在谈论国家应有的方针。最典型的例子就是内村鉴三。为什么内村能够成为一个例外？因为他所有议论的基础里都有一个超越性的信仰。要给国家以理想（或目标），只要不是以国家自身为自我的目的，那就必须以超越国家的立场为前提。换言之，只有以超越性立场上的国家相对性为前提，才能给国家以理想。然而，感情的、自然的"个人"的主张，不会把国家相对化。只有内村对唯一神的强烈信仰才能把国家（甚至连基督教教会）相对化。1891年的"第一高中不敬事件"，不是由任何一个自由主义的个人主义者引起，而是由内村鉴三这个人引起的。众所周知，这个事件就是，有一次在前一年公布《教育敕语》的礼拜仪式上，第一高中的年轻教官内村没有低头，仅此而已。然而，这个事件的意义，正如森有礼氏所指出的那样，就在于"天皇神格化及其所象征的国家至上主义，被信仰上帝的内村从原理上予以了否定"。不敬事件和无教会主义都是从同一个源头生发出来的。而从那同一个源头生发之后，才有反对日俄战争，彻底的非战论才成为可能。（他在不敬事件中失去了教职，因非战论失去了《万朝报》的工作。）内村的理论是演绎式的。第一，"真理大于国家"。日本式的伦理、日本式的宗教，这些都毫无意义。第二，日本是个小国，一个小国把富国强兵当目标，那就是个错误的判断，日本的悲叹就在于"理想之低，目标之卑"，而不在于武力之不足。国家的理想和目的必须是道义的。（《时势观察》，1896）第三，道义是和平，没有比战争更大的恶事。"和平绝不会通过战争而到来，和平因废止战争而来到。"（《和平的福音》，1903）——所以说，他不是反对日俄战争，而是对所有的战争以及所有武装本身，都持反对意见。这里自然会产生一个疑问，那就是国家独立受到侵犯也无所谓吗？即便在对方有明确的侵略意图的时候，也要事先放弃所有抵抗的可能性吗？这些是处于国际局势中的国家所面临的问题。《和平的福音》发表于日俄开战的前一年，副标题是"绝对的非战主义"，里面引用《马太福音》第26章第52、53节对这个问题做出了回应。引文稍长，如下。

"如果我这么说，有人可能会那么问：如果那时克伦威尔没有拔剑，那么，英国人的自由又会如何？然而，我要用另外一个问题来回答这个问题。当基督遭到法利赛人和大祭司等人袭击的时候，如果他采取自卫措施，命令他的一个弟子拔剑杀敌的话，那么，人类的自由又会如何？为了保护基督，有个随从拔剑砍向大祭司的仆人，削掉了他的一个耳朵。基督对他说了什么呢？——耶稣对他说：'收刀入鞘吧。凡动刀的，必死在刀下。你想我不能求我父现在为我差遣十二营多天使来么。若是这样，经上所说，事情必须如此的话，怎么应验呢。'——自由不是靠杀死自由的敌人来获得，而是被敌人擒获，遭受敌人的欺侮，最终被敌人杀害之后，自由才得以复活。这是基督教的根本教义。……以为人的自由靠剑来获得的想法是极其错误的。自由是靠牺牲生命而获得的。"

这里有一个贯穿始终的逻辑，完全不同于《你不要死》的感性的个人主张和《我的个人主义》的相对性自由的主张。内村站在超越国家的立场之上，给予个人乃至国家本身以目的。但这个目的，和迄今为止地球上存在过的所有政府的目的都是完全相反的，明治政府的富国强兵就更不必说了。明治政府以及绝大多数国民不接受它,也是理所当然的。内村希望国家直接成为殉教者,但对于现实中拥有历史的国家而言,这显然是不可能的。然而,这绝不意味着内村的想法是空想。倒不如说,像他那样对之后日本的现代史做出精彩预言的人,当时大概只有他一个。他的论证是演绎式的,他的原理是超越了所有形势的,但他对形势并非不关注。他不仅关注形势,甚至还具有洞察历史的敏锐眼光。日俄战争胜利的第二年,内村写道:"战争是为战而战的战争。从没有过一次为和平而战的战争。日中甲午战争的名义是为了东洋的和平,但它催生了更大规模的日俄战争。日俄战争的名义也是为了东洋的和平。但我想,它必将催生出为了东洋和平的更大规模的战争。"(《我从日俄战争获得的利益》,1906)

正如我们所熟知的那样,实际情况跟他说的完全一致。1931年发生在满洲(中国东北)的战争,就号称是"为了东洋的和平"。又是"为了东洋的和平",这场战争扩大到整个中国大陆,并于1941年,进一步扩大到太平洋。即便如此,还是没有实现东洋的和平。如今政府又在鼓吹,有必要根据《安保条约》建立武装,以防"远东安全受到威胁"。

在日俄战争刚刚结束的时候,内村能够在某种意义上预见到今天的日本,他所依据的是超越于形势之上的视角,而不是通过分析形势得出的结论。内村鉴三是一个伟大的例外。他不仅是当时日本人中的一个例外,也是基督徒中的一个例外(他本人就说过:大部分基督徒都讴歌战争)。基于超越性信仰的立场得出的预见，不管它多么正确，都不会被翻译成政治性语言。在内村看来，不是日本政府的某个特定政策有错误，而是所有政府在所有时代都是错误的。不过，所谓政治问题，就是某个政策比其他政策，相对来说差强人意一点，仅此而已。内村鉴三晚年的时候离开了政治，这也是当然的。因为他对人类支配权力的历史本身感到了绝望。不过，他绝望也好，不绝望也罢，人类支配权力的现实并不会消失。只要它不会消失，那么，所有的政策就都不是无意义的，有可能有相对而言好的政策，或坏的政策。至于相对而言的政策上的好或坏，一方面是从超越于形势之上的价值得出来的，同时，还需要根据形势的分析和解释来对其进行评价。内村对超越性价值持有坚定的信念，但他终于不再关注形势。另一方面，权力者这边，通过把价值替换为富国强兵的目标，从而把对形势的看法给简单化了。民权论和国权论之间的分裂，在此表现为彻底的理想主义和除了富国强兵之外没有任何理想的形势顺应主义之间的决定性对立。我们已经看到，彻底的理想主义离开了现实的政治世界。接下来，我们不得不看到，没有理想的形势顺应主义会把形势本身简单化到何种程度，进而会变成何种程度上的非现实。

众所周知，1918年（大正七年）日本向中国东北和西伯利亚派出了7万多军队，干涉苏维埃革命。在这个干涉政策出台之前，日本权力机构内部进行了怎样的讨论和谋划呢？根据细谷千博氏和J. W. 莫利氏的研究，支持出兵西伯利亚的有两种观点。

第一种观点,跟寺内①内阁的本野②外相一样,认为布尔什维克是德国的盟友,应该防范"德国势力东渐"于未然。第二种观点,来自以参谋总长上原和参谋次长田中为代表的陆军方面,他们主张应该趁西伯利亚混乱之机,把帝国的势力扩大到西伯利亚。这两种观点都主张派大军到西伯利亚,在国际上受到了正在西部战线鏖战的英国和法国的支持,但对日本扩张政策持怀疑态度的美国,则表示强烈反对。此外,国内最有力的反对派是贵族院的牧野伸显和众议院的原敬(1856—1921,第一大党政友会的总裁)。他们不停地通过外交调查会,努力把派兵人数控制在最小限度。原敬强调对美关系的必要性,他认为没有任何理由让日本冒着遭美国反对的风险出兵。而且,即使出兵的话,如果没有美国的物质援助,也无法支持在西伯利亚的大规模作战。他认为即便"德国势力东渐"成为现实,只要日本本土不受威胁,达到保证侨民安全的目的就足矣。大部分外交调查会的成员,包括寺内首相本人在内,他们对于从正面无视美国这件事情持怀疑态度,因此,1918年7月5日之前,政府都没有做出大规模干涉西伯利亚的决定。不过,7月5日,美国政府方面提出建议,美日共同出兵援助捷克军队,这样一来,原敬反对出兵的重要理由

---

① 指寺内正毅(1852—1919),日本政治家,曾任陆军大臣、外务大臣、韩国统监、朝鲜总督、内阁总理大臣、大藏大臣等职。
② 指本野一郎(1862—1918),日本外交官、政治家。1908年,任日本驻俄大使。1916年,任寺内内阁外务大臣。

就不存在了。之后，外交调查会讨论的议题就限定在出兵规模上。美国要求事先限制出兵的目的和规模，在这一点上，外交调查会和日本政府言辞含糊，连蒙带骗地获得了美国方面大体上的认可，照着主张大规模出兵者的意志，踏出了大规模出兵的第一步。这就是出兵西伯利亚之前的大致经过。

现在来看一看原敬日记（《日记》第七卷，1918年4月4日）中有关美国提出共同出兵意向以前的内容。引用如下。

"内田康哉（驻俄大使）从俄国回来，到我处拜访，得以知悉当地大致情况。激进派利用俄国的民意起事，席卷全国，无与其争锋者。即刻废除统治多年之皇室，分割贵族富豪之财产，停止长达四年之苦战，诸如此类，皆为俄国民众的渴望之所在。能与其抗衡者，如中产以上之阶级，如所谓知识分子阶级，皆屏息敛声。在对德关系方面，日本担心德国势力东渐，德国担心俄罗斯主义西渐。……出兵云云，乃不合情理之事，正如我去年年底在外交调查会上陈述的推测一样。据内田所言，其多次将俄国情报呈递给政府，但本野外相从没给我看过。……国内主张出兵者，都来自陆军方面，陆军只以陆军为本位，不懂大局，其言论之不可行者，犹如田中义一等人鼓动山县，而山县给寺内施压一般。"

尽管有日美协定，但日军在8月开始登陆海参崴之后，就几乎无视外交调查会的存在，将陆军准备出兵中国东北、西伯利亚的计划付诸行动。原敬此时就已识破"陆军只以陆军为本位，不懂大局"，而从之后不久发生的"九一八事变"开始，直到无条件投降的整个战争过程，都充分地证明了这一点。但是，这篇日记的内容值得玩味的原因，并不在于它跟后半部分的历史完全吻合。内田大使把俄国的情报呈递给政府，本野外相却没有把它提交给外交调查会。原敬是当时众议院第一大党的总裁。姑且不论所谓"超然内阁"本身的问题，如果说众议院第一大党的总裁都不能获得有关国家最重大问题的必要的情报，那么，议会民主就是一出闹剧。我们必须注意到，主张出兵者丝毫不在意把议会变成闹剧。他们鼓吹"德国势力东渐"，但这也许就是一个借口，他们考虑的就是如何在西伯利亚建立傀儡政府以攫取利益，并建立军事性立场，仅此而已。此外，反对出兵者，除了内田大使之外，丝毫都没有注意到"激进派"和"俄国的民意"（或者"俄国民众的渴望"）之间的关系。托洛茨基和英、美、法等国代表在当地进行协商的主要议题，就是讨论1918年3月以及4月建立反德统一战线的可能性。据说，当时协约国方面，尤其是英国，甚至都已经制订了援助红军建设的计划。内田大使肯定看见过那次协商的报告，所以4月初见到原敬时，他反对出兵西伯利亚、反对援助反革命的主张也就顺理成章了。但是，除了内田康哉之外，主张出兵派也好，反对出兵派也罢，没有人在外交调查会上讨论十月革命和"俄国民众的渴望"之间的关系，甚至连布尔什维克和孟什维克的区别都没有讨论。换言之，在判断革命形势，进而针对形势决定外交政策的时候，"民众的渴望"和"意识形态"并不在他们的考虑范围之内。在外交调查会方面，包括策划并通过出兵方案的伊东巳代治（1857—1934），和竭尽所能反对出兵的原敬在内，在他们看来，革命和"民众"还有"意识形态"之间的关系至少不是具有第一义性质的考虑对象。具有第一义性质的考虑对象，只是军事形势和协约国政府，尤其是美国政府的态度而已。但事到如今，毋庸赘言的是，所有的革命都必须有"民众的渴望"。而且，要将自我贯彻到底，就必须要有"意识形态"。把这两个要素排除在考虑之外，就等于自动放弃判断革命性质（事实判断）的可能性。但是，基于和"民众的渴望"（至少从"人心"）之间的关联，换言之，就是基于和"民权"之间的关联去考虑政治的那种习惯，日本帝国的领导人早就丢掉了。对他们来说，国权和民权是完全不同的两种东西，只有国权的扩张才是问题，而且，扩张国权的最终手段就是军事力量。不是军事力量来辅助外交谈判，而是外交谈判为军事力量做补充。关于出兵西伯利亚的问题，日本对美协商的那种努力，不是通过协商去获得利用出兵即可攫取的东西，而是在美国不反对的前提下，达到出兵的目的。要点就在于这是军事上的观点，而非外交上的观点。如果是这样的话，那甚至就可以说，所有的对外政策回到军人手里，不过就是时间问题而已。这个时间还没有到来，但将来某一天肯定会到来。出兵西伯利亚当然以失败告终，而领导者们并不知道失败的真正原因。真正的原因就在于，他们的世界观早就不再是现实性的。之所以如此，是因为他们只会从军事的、权力的关系看世界，提前把"人心"所具备的决定性作用从他们的世界里排除出去了。民权论和国权论之间的分离，就是让民权论者忘记国际形势的同时，让国权论者对国际形势的看法变得极度简单化，而简单化和非现实化之间几乎就是一纸之隔。日军从西伯利亚撤出，十年之后，发动了侵略中国的战争。

5　接下来会发生的事

然而，第一次世界大战爆发后，国内外形势为之一变。四年战争期间，日本的重工业得到了飞跃式发展（比如，四年里钢铁、机械的产量增加了一倍多）。随之而来的是工厂工人数量的剧增，而他们的实际工资却没有增加。1918年（大正七年）7月，全国爆发抢米骚动，寺内内阁因此倒台，战后经济萧条，工人运动得以迅速发展。此外，在国际社会上，国际联盟和裁军会议所代表的国际主义在20世纪20年代占据了支配地位，其影响也波及了日本。当时，新渡户稻造作为国际联盟事务次长常驻日内瓦（1919—1926）。

"我不能说已经丢掉了爱国心。我觉得国家夸耀自身强大的野心，和个人追求功名之心之间并无多大差别。而国家若以增进国民安宁幸福为目的，那么，反而是诸多小国早已达成。这样的想法也变得越来越强烈。"作为小国促进国民安宁幸福的例子，他举出了荷兰和斯堪的纳维亚各国。从岩仓考察团到现在，那些以大国为目标、自我标榜为"一等国家"的日本的负责人，他们对外国进行比较观察的时候，从来都是以其富强程度，而不是以其国民在国内的幸福安宁为角度来进行的。20世纪20年代，一个在日内瓦生活了七年的人有这样的想法毫不奇怪，不过，这样的人能够身居要职，正好反映了这个时代的变化。

尾崎行雄（1858—1954）在1921年10月的议会上，提出了缩减军备的提案。虽然提案遭到了压倒性多数的否决，但在东京帝国大学演讲之后征求学生意见时，尾崎提案却得到了大多数人的支持。在此我们有必要回想起1918年的外交调查会上，就连反对出兵西伯利亚的原敬，都曾努力论证，与其冒险出兵西伯利亚，不如退而培养军事力量。之后的三年，尾崎当时提出跟英美签订协议，停止造舰竞赛，但陆军可没有自觉到服从国际联盟会议决定的那种程度。这是从开国以来到1918年为止，在一个把尽可能扩充军备作为基本方针的国家，提出的寻求根本原则的改变的一项提案。学生们支持这项提案。

新渡户稻造在国外批判大国主义，尾崎行雄在国内反对军国主义。然而，所谓"大正民主"这个时期舆论方面的代表性人物是吉野作造。他在"民本主义"的旗帜下，从内外两个方面批判富国强兵主义。正如田中惣五郎（《吉野作造》，1958）所指出的，一方面他跟军部、官僚集团、枢密院、贵族院作战，另一方面，他鼓励学生团体、工会、社会民主党和生产合作社运动。这个所谓的"民本主义"，就是议会民主主义，是跟专制的、军国主义的权力,右翼团体的暴力,以及堺利彦①等马克思主义者,乃至大杉荣②等无政府主义左翼相对立的。1918年12月,以吉野作造、福田德三(1874—1930)为中心成立的"黎明会",聚集了新渡户稻造、穗积重远、高桥诚一郎、姊崎正治、泷田樗阴、大山郁夫、麻生久、森户辰男等人,提出了以下三个纲要作为该会的目标。

"一、从学理上阐明日本国体,发挥日本在世界人文发展中的使命。二、消灭与世界大势背道而驰的危险的冥顽思想。三、顺应战后世界的新趋势,促进国民生活的安定充实。"(据田中惣五郎《吉野作造》,着重号为加藤所加)

"黎明会"提倡的三个纲要虽然是以日本的使命、消灭冥顽思想、充实国民生活等国内"民本主义"为目标,但无一例外都和"世界"有关联,可以说,这一点所象征的不仅仅是"黎明会"的知识分子,还有那个时代本身。第一是"世界人文发展",第二是"世界大势"。这些词语所反映的,就是从历史角度看世界。第三则强调"战后世界的新趋势"。因此,这里提出的历史中的世界这个问题,可以说,就是指现代史中的世界。以吉野作

---

① 堺利彦(1871—1933),日本思想家、小说家,共产主义者。1904年,与幸德秋水合译首部《共产党宣言》日译本。著作收入法律文化社出版的《堺利彦全集》(共6卷)。

② 大杉荣(1885—1923),日本思想家、社会运动家、作家、无政府主义者。著作收入现代思潮社出版的《大杉荣全集》(共14卷)。

造为代表的大正自由主义知识分子，是站在现代史的立场上，从其与日本的关联性的视角去看待世界的。那么，这个世界的本质，"战后世界的新趋势"的内容到底是什么呢？吉野作造（《吉野作造博士民主主义论集》共八卷，新纪元社，重版，1948）的对外观究竟有哪些特点呢？大概有这么两个特点：第一个特点就是对道义在国际关系中的作用的评价，第二个特点就是对中国和朝鲜半岛人民的关心。

当然，明治以来尊重国际关系中的道义的这个立场，在福泽谕吉身上已经可以看到，在内村鉴三身上贯彻得最为彻底，但他们却没有把道义当作一个在分析状况的过程中、在现实的国际状况之中发挥作用的要素来看待。把国际的现实看作权力的舞台，在这一点上，内村和军国主义者没有太大的差别。从他把理想和现实之间的矛盾最终归结为国民殉教的觉悟这一点就能看出来。福泽谕吉主要把道义当作国家自由独立的问题来考虑，提倡为了国家独立，必须富国强兵。明治初期是福泽谕吉的时代，虽然日本独立受到了威胁，但却没有能力去侵犯他国的独立。主张道义—国家独立—建设现代化军队，这样的剧本之所以没有太大的矛盾，正是由于这个原因。而且，正是由于没有太大的矛盾，连内村都曾经一度支持过中日甲午战争。不过，中日甲午战争的结果让内村看到，也让所有人看到，战争不仅意味着国家的安全和独立，也意味着帝国的扩张和利益权力的攫取。所以，从此以后，不论是内村还是夏目漱石，都把国际关系看作武力主导下的权力政治的舞台,并各自朝着不同方向去寻求道义,内村向着殉教精神,夏目漱石则向着个人主义。然而,吉野作造认为道义就存在于第一次世界大战之后的国际关系状况之中。"国际关系的第一步应该是成立联盟,之后逐步进行根本性的改造。而改造的根本动机就是要求道义来支配。"因此,"我们国家生活的理想就不单单是最早的富国强兵这一个"(《最近的世界思潮和国家生活新理念》,收入《国家生活的一新》四,1910)。这样的乐天主义是20世纪20年代西欧知识分子的特点,吉野的意见在日本国内算少数意见,但在国际上应该会有不少的支持者。总而言之,从历史的角度去看世界的状况,并认可道义在其中的作用不断增大的这种态度,在明治以来日本人的世界观中,不得不说,完全具有划时代的意义。当然,随着法西斯主义抬头,重整旗鼓的日本军国主义开始了侵华战争,20年代的乐天主义到30年代就彻底消失了。吉野说过,不存在"无视道义却能荣耀之路"。这句话被重新提起,要等到永井荷风(1879—1959)听说"希特勒和墨索里尼二元凶"战败而死,在日记里记下"天网疏而不漏"的那一刻。然而,把道义看作国际关系的重要因素并加以重视的这种观点,如果只把它看作20年代乐天主义氛围的一个反映的话,就比较轻率了。我们已经看到,内村鉴三超越性的信仰成了一种异乎寻常的历史性的洞察力。虽然不能说吉野作造的道义感培养了他对国际联盟未来的敏锐洞察力,但在中国大陆和朝鲜半岛的状况方面,他的道义感正好成为他卓越洞察力的源头。正是因为有这份道义感，吉野才会把中国和朝鲜的人民当作一个问题，也正是因为把中国和朝鲜的人民当作一个问题，吉野才做出了正确而且现实的状况判断（和道义的立场完全无关）。我们必须回想一下，明治以来，日本的观察者在面对外部时，经常把欧美作为中心。旅行者不去访问亚洲各国（即便去了，也不会像对欧美那样充满热情地去研究）。论者只要提到亚洲各国，就只满足于落后弱小国家的一般性定义，常常把它们和日本的关系归纳为一句自信的话——"亚洲的盟主是日本"。当然，日本方面肯定也有跟中国的政治家和志士"肝胆相照"的军人、右翼浪人和政治家。而且，在出兵西伯利亚问题上，日本对于援助哪个反革命头子也进行过大量的讨论和研究。所以——而不是"即便如此"——日本方面对中国大陆的状态一无所知。

中日甲午战争、日俄战争之后，也就是日本帝国在大陆获得成功之后，从干涉西伯利亚到15年战争的整个过程，所有军事上、政治上的介入，都和预期相反，陷入重重困难，最终走向失败的原因也在于此。为什么在大陆会出现一切都和预期相反的情况呢？那是因为在落后的革命国家，只要你不从现实中把握人民的动向，不管你跟哪个头子"肝胆相照"几十遍，都毫无意义，而"肝胆相照"的本人绝不会懂得这一点（尤其是此人手握金钱和武器的时候，更是如此）。

关于1919年的朝鲜暴动（指"三一运动"——编者），吉野作造（《在对外事务上发挥良心的作用》）首先指出了"排日思想弥漫于朝鲜全境"这一"毫无疑问的事实",并警告说,不只是当局,就是"国民也对所有部分都没有进行任何的自我反省"。"或者说,他们今天物质生活上的幸福感远远高于合并之前。或者说,朝鲜人没有理由对日本的统治感到不满。实际上,大部分人对总督府的恩泽称颂不已。如果这些赞美之词是为了回避时常发生的排日现象的责任而说出的,那它就是难以原谅之不妥,必须加以斥责。如果真的是满怀善意相信它的话,那他们对异民族的心理过于盲目无知,不禁让我们怀疑他们统治殖民地的能力。"吉野认为,要解决朝鲜暴动问题,至少下面两点尤为重要。第一,事情的好坏姑且不论,"必须站在朝鲜人民的立场上,去考虑朝鲜人民实际上如何看待日本的统治"。然而不幸的是,政治家"经常怠于此类观察。他们说,如此关照朝鲜人民,他们应该毫无怨言。这个应该毫无怨言的妄断,摇身一变,成了对朝鲜人民讴歌日本统治的一种迷信"。靠迷信是解决不了问题的。第二,"认为暴动的原因在于第三者煽动,在如此思考的这段时间里,我们终究还是不能从根本上解决问题"。"说很多朝鲜的暴徒是基督教徒,把传教士说得就跟日本的敌人似的,这种想法也过于轻率",实际上,"所有此类运动都是伴随国民之开发而来的、不可避免的一个结果而已"。

今天的日本并没有统治其他民族,日本的自卫队至少到现在还没有在外国驻扎。但是,第二次世界大战之后的世界,到处都在发生暴动、革命,甚至是战争。强国和落后国家之间的大部分纷争，不都是源于如今变得更加强大的国家的态度吗？就是从主张"如此关照……他们应该毫无怨言"，到迷信落后国家的人民正在"讴歌"他们的统治，以及一旦发生暴动就把原因归结为"第三者煽动"的"过于轻率"的态度。唯一不同于吉野论朝鲜暴动的地方，就是所有杜撰的暴动责任者不都是基督教的传教士而已。吉野作造在谈论日本统治朝鲜的同时，几乎也预见了"冷战"的理论。不得不说这是相当精彩的洞察。不仅如此，他甚至论及朝鲜"暴动的原因在于第三者煽动"这一看法产生的历史原因。

"总的来说，我国有这样一种癖好：一有事情就想把它归结到一两个人的阴谋上去"，它的源头是"古老的专制时代的历史哲学"。因为在专制时代，"一个英雄统率天下，英雄和英雄之间在外交上的战略都是定好了的"。然而，现在推动政治家的，"大体上就是在国民之间流动的难以侵犯的潮流"。个人的阴谋就算能够掀起小波澜，却无法改变大众感情这个"大潮流"。"关于朝鲜问题，关于中国、西伯利亚的问题，不管说什么，没说两句就解释成某某人是幕后黑手，最后就导致对问题真相的捕捉以失败而告终。孙逸仙曾经说，从来的革命都是英雄革命，我们打头阵的今后的革命，是国民革命。这发挥了新时代的国民意气，如果没有这样的见识，就没有办法理解现在的各种运动。"

用"专制时代的历史哲学"是根本无法理解朝鲜、中国和西伯利亚的。这种说法当然是正确的。不过，如果能再补充一点，即"专制时代的历史哲学"在某种程度上能够在现代中央集权政府间的策略中发挥作用的话,那么,这个论证就会更加正确。换句话说,把注意力集中到政府当局之间的策略,而无视国民的潮流的话,是注定要失败的。比起以欧美各国为对手,在以革命的朝鲜、中国和西伯利亚为对手的情形下,更是如此。日本的政治家无视国民的潮流,在对华政策上犯错的原因(由于完全相同的原因而在对华政策上犯错的,不只是日本政府),不单单是"专制时代的历史哲学",还有当事者本人以为这个哲学通过与欧美外交上的经验得到了确认。外交或政治的"经验"加强了他们的自信。如果不是这样的话,不光是日本,还有那么多国家的政治家,他们对中国(还有几乎所有的革命政府治下的国家)国民的潮流如此迟钝的原因,就很难解释。不过,总的来说,在最根本的一点上,吉野准确地看透了我国政治家最为致命的一个弱点,恐怕也是一直保持到"二战"结束之后的那个弱点。

我引用了"朝鲜暴动"的例子。不过,比起朝鲜,吉野作造写得更多的是关于中国的文章。我之所以现在不引用这些,只不过是出于篇幅和时间的考虑而已。现在必须就所谓的"大正民主主义"做若干补充。这个时代,一方面是国际主义,另一方面则公布了《普通选举法》。其他还有伦敦的裁军会议的签字,还有社会主义政党的成立。与舆论场中的吉野作造相呼应的,文坛上有芥川龙之介(1892—1927),就连他的立场都是明确的反军国主义。而这个时代,马克思主义开始在知识阶层中间传播,影响到工人运动，产生了左翼文学运动，在很长一段时间里对整个日本知识界造成了深刻的影响。所有这一切都是和军国主义的国家权力和组织相对立的，从这个意义上来看，确实可以说跟"民主主义"有关联。而且，至少大部分城市人口都热衷于从外部——也就是再一次从欧美——吸收风俗和文化。但是，这个"民主主义"，和今天用这个名字所称呼的东西，从制度上看，是截然不同的两种东西。废除天皇的君主权力，废除大地主制度，废除贵族院和枢密院，废除常备军队，实行普选，言论、集会和结社的自由，八小时工作制，最低工资制，社会保险，法律承认的工会，所有这一切都是今天的宪法所保障的东西。其中，成立于1922年的一个政党，提出的纲领就只有一条，就是把废除大地主制度改写成"无偿没收大面积私有土地并收归国有"。这个政党只能以非合法政党身份存在。这个政党就是日本共产党。《普通选举法》（成年男子的选举权）是公布了（1925），但政府同时又制定了《治安维持法》，1928年还设立了"特别高等警察"（"特高"）。在国内，存在着反军国主义的氛围；在日内瓦，为国际协调大唱赞歌；在亚洲大陆，日本陆军不断冒险。除了《普通选举法》之外，20年代的制度本身并没有任何改善。不但没有改善，甚至通过在立法上制定闻名世界的《治安维持法》、在行政上新设堪比纳粹警察的"特高"、在政治上冒险向大陆派军，更加坚定了通往法西斯主义的方向。值得铭记的一点恐怕就是，这一切都发生在明治以来最具自由主义和国际主义特色的那个时代的巅峰时期。

当然,之后发生的事情,就是从1931年"九一八"事变到1945年无条件投降的、烽火连绵的15年。

对外,发动战争;对内,利用《治安维持法》和"特高"进行思想镇压,以及全面贯彻军国主义。这15年最开始的时候,在大陆的军队和国内的右翼勾结,背着东京的政府展开独立行动,一旦造成既成事实,就让政府容许并承认那个事实(出兵西伯利亚也是同样的情况。一旦出兵,甚至都不跟近一年来主要负责审议出兵问题的外交调查会商量,陆军直接就在大陆推进它的"独立的行动")。这也不单是日本的情况,一般来说,如果开战,参谋本部对政府的发言权多少都会得到加强。再加上,战斗发生在殖民地,军队和政府之间就殖民地问题的处理方针,存在着很大的意见上的分歧的时候,就更是如此。当意见上的分歧表现为政府方面没有方针,而军队方面因挫败感而采取强硬方针的时候,情况就更是如此。20世纪30年代初期的日本陆军中存在着一种根深蒂固的,源于20年代西伯利亚作战失败和国内反军国主义的氛围,以及国际性裁军协定所带来的挫败感。军队的挫败感——不仅限于日本,据说法国的第四共和国军队在印度支那的经验也造成了法军内部深刻的挫败感——会催生对于政府的不信任,以及想要通过"独立的行动"去克服那种挫败感的内在要求,这样一来,军队的"强硬方针"和政府的"不扩大方针"之间就形成了决定性的对立。那时,政府如果足够强大,就能够制止军队采取"独立的行动"（美国政府的"不扩大方针"制止了战地司令官企图把朝鲜战争扩大到中国东北的"强硬方针"，这就是一个例子。美国总统罢免了战地司令官。不过，当时的美军并没有30年代日军的那种挫败感，他们有的只是太平洋战争获得绝对性胜利的记忆。而且，尽管当时的美国国民对战争并不狂热，但他们至少不反对军队。而且，美国总统拥有以美国国民为后盾的强大力量）。而30年代的日本议会、政党和政府的背后却没有国民的强大支持。事实恰好相反，广泛存在于国民中间的，是对政党的不信任。而且，武器掌握在军队手里，不在政府手里。一个没有得到广大国民支持的政府，要把一支想要通过"独立的行动"摆脱挫败感的军队置于自己的统治之下，这在平时都是极其困难的。更何况，军队主力在远离本土的地方从事战斗，在这样的条件下，政府想要统御军队几乎是不可能的。不存在所谓的"不扩大方针"。这个战争"不扩大方针"，并不是基于政府的坚定意志和计划，而是或多或少地作为当地军队"独立的行动"开始执行的，实际上，这不是方针。因为一个没有办法防止军队以"独立"立场开始战争的政府，更不可能有办法防止已经开始的战争进一步扩大。车子一旦开动，想要制动就必须要有巨大的力量。日本军国主义的车子，自1931年"九一八事变"启动之后，要想让它停下来，就必须等到1945年投降。怀着不断累积的挫败感，以及对政府"不扩大方针"的不满情绪，日本军队继续在国外作战。与此同时，他们还计划了两个行动。第一，就像"五一五"和"二二六"事变那样，通过军事政变，快速且直接地夺取政权。第二，在国外采取"独立的行动"，制造既成事实，在不破坏国内制度的前提下，将军队的影响渗透到政治权力内部。日本陆军用第一个办法，失败了，用第二个办法，成功了。大概在非工业社会，第一种办法容易成功，而在高度工业化、组织化的社会，第二种办法容易成功。毋庸赘言，失败了的军事政变和军人势力向政治权力内部的渗透，这两者之间存在着密切的关系。国外作战的事实和国内军事政变的威胁，作为压制市民政治势力的一种手段，发挥着决定性的作用。而且，30年代的日本，为了确立陆军在政治上的影响力，还没有必要对制度进行改革，因为制度本身就是为了更好地实现这个目的而建立的。因为有统帅权的独立，跟军队作战相关的事宜都直接由天皇掌管，不受内阁的制约。甚至一旦发生战争，往哪里派多少军队，都是陆军说了算。另外，内阁有陆军大臣，陆军大臣不是文官，是现役军人，由陆军推荐。如果是陆军不满意的首相组阁，那就可以不推荐陆军大臣，让他没法组阁。不一定需要直接诉诸武力，陆军用这种"合法手段"就能快速地确立其在政治上的位置。当然，政党政治家方面也会抵抗这样的做法。可以说，陆军之外的政治力量在各个层面多少都会有抵抗。统治集团内部，来自陆军的压力在逐渐增加，但却没有发生任何大规模群众运动与之对抗，也没有任何群众组织能够发动那样的运动。20年代的左翼，还有自由主义的知识分子，在30年代初期公开批判军国主义体制的形成，但在30年代末却不得不保持沉默，或"转向"为军国主义唱赞歌。就这样，在议会政治的废墟中，出现了一位能够"控制军部"，"超然于"所有"政党"的国民级的领导人——近卫文麿（1891—1945）。不过，近卫内阁就是在国家政治中心形成的一个真空地带。右翼和军人对近卫的期待是省去政党和议会那些没用的手续以完成军国主义体制。自由主义知识分子对近卫的期待是取代政党和议会的软弱无力从而抑制军国主义的无限扩张。不过，近卫本人主张"不扩大方针"，有判断形势的能力，反感陆军的专制，除了背景上有一个含义模糊的"国民级声望"之外，他也没有其他任何实质性力量。所谓实质性力量，在国内就是陆军，在国外就是纳粹和法西斯的同盟。近卫能够发挥的作用，就是对军国主义进行一些合理化，以及提前为东条内阁做准备，仅此而已。

在15年战争的最后阶段，明治以来的日本"对"外部和"从"外部的二重结构终于彻底瓦解。在此之前，即便是在国家主义、排外主义风气最严重的时代，至少在技术层面，还是认为应该从外部引进东西。但是，近卫内阁之后，从30年代末到40年代，尤其是在珍珠港事件之后，日本全国都抹杀了"从"外部进来的要素，一心一意地用武力"对"外部推行自己的主张。

在美国，对日战争开始之后，就立刻在军队内部全面推行日语教育，集中学者和专家开始进行日本研究。在日本，对美战争开始之后，大部分学校废止了英语教学，对那些以英美历史、社会、文学思想为专业的学者的研究,不仅不支持,反而进行镇压。孙子说,"知彼"乃百战之要。日本军人肯定也深刻地懂得这个道理,但他们所谓的"知彼",完全是从军事角度了解敌人的兵力,不会有任何超过这个水平的东西。他们似乎还没有考虑到要用做学问的方法去研究对手的情况。但是,美国的战争领导人,甚至把在战后日本引起反响的《菊与刀》和《作为现代国家的日本的成立》这类研究也看作"知彼"的一部分。如果战争领导人在知识和能力上存在如此之大的差距,那么,即便在"物质力量"上不存在绝对差距,这场战争有多大赢面,也是一个很大的疑问。

不过,讨论战争不是现在的目的。现在的目的是要指出这样一个事实,即"对"和"从"的二重结构才是植根于日本现代社会的最为本质性的东西,切断其中的任何一个,都会给日本带来巨大的不幸。认为"已经没有什么可以从外部学习"的思想,换句话说,就是认为"所以日本的东西都是好的"的思想——再没有比这种思想更危险的东西了。那是妄想,它一定会对我们自己造成破坏性的后果。但是,在日本军国主义的最后阶段,除了这种思想以外,就别无其他了。

在小学的水准上,就像唐泽富太郎(前书所引)所指出的那样,1910年(明治四十三年)的国语教科书上的"日本第一山"富士山,到了1941年以后的国语教科书上,就变成了"神山","世界各国人民都来敬仰"(《教科书的历史》)。富士山是"日本第一山",这也许是个常识,但说它是"神山",那就是个人的看法。说日本的神受到"世界各国人民的敬仰",这不是妄想还能是什么呢?同样,在最高知识水准上,比如,1942年讨论过"现代的超克"(《现代日本思想史讲座》,拙稿《知识分子的生成与作用》中也有提及,另,竹内好氏有详细论述,此处从略)。当时新闻界最有代表性的评论家都参加了这次讨论,议题就是——东条内阁治下日本的精神主义是否能治好西方人自己指出的西洋式现代文化的弱点(《知识协力会议》)。但是,东条内阁治下日本的弱点——比如没有言论、集会和结社的自由——反映的不是日本社会的现代性特征,而是前现代的特征。如此一来,在前现代的日本军国主义的中心去讨论"现代的超克"这样的议题,就是一种空想。概言之,讨论"现代的超克",无非就是想说"从西洋没什么可学的了"。

不过,战争结束了。日本人看待外部世界的态度也随之发生了变化,从"世界各国人民都来敬仰"的极端走到"日本人自己都不敬仰"的极端,从"没什么可学"变成了"什么都得学",从"日本什么都好"变成"日本什么都不好"。不,更正确的说法也许是,日本人看待外部世界的态度没有变化,是看待美国的态度发生了变化。极端的"对"的时代结束了之后,就来到了极端的"从"的时代。而且,第二次世界大战之后,制度本身就发生了变化。因为要求自由主义制度的,早就不仅仅是帝国大学的教授们,还有占领军的司令官。

明治维新之后，政府一方面制定了《集会条例》，另一方面则通过统一控制教科书，为实行中央集权性质的教育制度做准备。第一次世界大战之后，政府制定了《治安维持法》，设立了"特高"。总之，在过去自由主义盛行的年代，日本政府考虑的就是扩大警察的力量，以及纠正"过头"的教育制度并将其中央集权化。第二次世界大战之后，在被占领的状态下，政府无法实施这样的计划。一旦占领结束、和平条约生效之后，政府就仿照先例，立刻扩大警察预备队，制定《警职法》，废除教育委员会的公选制，扩大小学校长的权限，强化教科书审查制度。也就是说，比较明治维新、"一战"后、"二战"后这三个注重提高民权的时期（持续时间分别为10到15年），可以发现，各个时期政府采取的政策之间具有明显的共通点。过去，曾经有很长一段时间牺牲民权，扩大国权。从现在到将来，还会重复这样的历史吗？——这是超出本文范围的另一个问题。

松山的印象——民主教育的问题

1

日本的民主化不是一项容易的事业，我们对此不能持过于乐观的预期——从战败到今天的十年间，这一点变得越来越清晰和具体。

现在还不是陈述其具体内容的时候，但如果举其中一个要点，即家族制度来说的话，那么，可以说战前的家族制度已经严重落后于时代，腐旧不堪。

为了打破那种家族制度，建立民主主义的，即意味着以家人互相平等为基础的家庭关系，只靠改变民法是不够的。随着法律的改变，新的继承方式实际上已经开始普及，相伴而生的就是新的家庭意识的形成。但它很消耗时间，在这个耗时的阶段还没结束的时候，就会出现那种呼吁尽快恢复家族制度、恢复民法，试图推翻民主化工作基础的言论。这些言论的出现并非偶然，日本国内依旧具备唤醒这些言论的必然条件，这就是日本民主化工作的困难所在。民主主义的基础似乎很难得到快速的巩固。

所以，我们要做一个长远的打算，其中一个决定性要素就是教育，尤其是义务教育。日本的民主主义现在看上去困难重重，无从下手，不过，当民主主义教育培养起来的下一代人在国家的各个领域开始活跃的时候，也许这件事情多少会呈现出不同的倾向来。

不论是恐惧还是欢迎大众有民主主义思维方式的人，要考虑将来的事情，就必须关注教育。因为在某种程度上，教育决定了日本民主主义的命运。

因此，热衷修宪的政府对教育制度的改革也很热心。（京都大学事件中那位著名的战前文部大臣，如今作为总理大臣，正在努力倡导义务教育改革。）所以，那些热衷于培养民主主义的教员以及教员以外的部分公众，也热衷于反对那种试图把沿着民主主义方向发展而来的战后义务教育带离这个方向而进行的改革。为了在四国松山市召开第五届教育研究会全国集会，日本教员工会在1956年1月底到2月初的四天时间里，集合了大约一万名会员。教员工会的成员由全国几乎全部的中小学教员（约50万人）组成。其中有大约一半的教员直接或间接地参加了提交给全国集会的研究，研究内容涵盖了所有在教育的实际层面有可能发生的问题。总而言之，可以说这里把所谓民主主义新教育的实际形态给搞清楚了。一个是今后具体怎样进行教育。一个是当政府表现出改革意图的时候，从现场教员的立场出发应该如何应对。这次松山集会的内容主要就集中在这两点，从教员的立场出发，触及了日本民主主义问题的核心。这些事情，我想应该是要提前明确的。

然而，在明确这些事情后，我去现场旁听松山集会时，还是有各种各样的感想涌上心头。问题极为复杂，自然无法简单归纳。不过，根据我的印象，尽管存在复杂的技术性问题，但在集会上还是有一定的原理，一定的想法的方向，至少有一定的氛围在支配着那些怀着某种希望聚集到此的人的言论。

第一个和教育的目的和基本方法有关，要培养民主主义的、自由的人。

第二个和教育方法有关，要在所有场合实现教育机会均等。

以上两点是那些在"六三三制"的新教育中积累了十年经验的全国一线教员，在他们碰到无数困难后依旧始终坚守的，现在更加想要竭力守护的原理。它成为今年松山集会上占据支配性地位的一种力量，也是理所当然的。为什么呢？因为这个原理是日本民主主义关键的一面，在朝着《破防法》、再军备、家族制度和一定程度上复活天皇制的方向上发展的倒行逆施的风潮中，它当然会遭到强大的逆风。要对抗这强大的逆风，不能直立不动，必须要倾尽全力顶风前进。总体上看，松山集会倾尽全力，即所谓顶风前进的方向是民主主义式的教育和培养自主的、对权力持批判态度的人。在连续四天早九晚五的讨论和会议上，一旦感觉疲劳，参会者就一起合唱，活跃气氛。他们合唱的歌曲不是那些哭哭啼啼的流行小调，而是更严肃一些，更有气势一些，更严谨真挚一些的歌。

> 幸福是我们的愿望
> 虽然工作非常辛苦

但是，未来要建设一个"光明的社会"。

为了建设民主主义社会的这个教育原理，具体怎么实行？还有，面对那些想要把它碾碎的力量，又该怎么保护它？近万人在四天时间里，围绕这些问题展开了讨论。正如我之前说过的，讨论的内容还包括复杂的技术问题。但我现在不能涉及这一点。然而，根本性的问题就是这里提倡的培养具有自主性的人和教育机会均等这个原理，最终是否能够成为一个解决义务教育所有问题的原理。不过，松山集会上有一种氛围，一种好像它能解决所有问题似的思维倾向，以及源自这种思维倾向的氛围。我可以想象教员工会方面不得不这样的原因。

但是，我想如果是这样的话，那么，作为整个研究集会，作为日本教员工会，当他们提出意见的时候，这个意见的力量就会变弱吧。

对新教育的不满和批评以及要求改革的声音，不仅来自政府，还来自中小学生的父亲和兄长，以及参加集会的少数教员和没有出席的多数教员。要说理由的话，那就是因为政府是反动的，父亲和兄长是封建的，提出批评的教员是"意识落后"的（我不否认这方面的情况），但不只有这些。不只有这些的原因是，培养具有自主性的人和教育机会均等，即便它是第一义的、最重要的原理，也还是不足以解决义务教育的所有问题。那些从第一义角度去考虑第一义问题，且在思考之后进行实践的人必须要有这样的自觉，而那些不是从第一义角度去思考第一义问题的人，则没有这个必要。

谁都无法在短时间内做很多事情。当务之急，不用多说，就是要专注于第一义的问题。但是，自觉地认识到还有其他重要问题之后就去处理事情的做法，和不能自觉认识到问题且只会抓着唯一原理不放的做法，这两种做法在各个方面都会表现出非常具体且细微的节奏上的差别。尤其是在有对手的情况下，如果不能充分理解对手的说法出自何处，就没有办法进行有效的较量。

不过，充分理解对手，就是充分理解自己的立场。如果充分理解了自己的立场，就没必要抓着那个原理不放，也没必要对自由思考，让常识发挥作用这样的事情感到战战兢兢。

在松山我是个旁听者。我没有直接的责任，从我的立场的性质来说，自由发挥我的常识是没有任何困难的。我的感想就是基于这一立场之上的感想，既不多也不少。我的感想就是一个在教育方面既没有任何专业知识，也没有任何经验的国民，在听了教育研究集会的讨论，听了他们不至于到直立不动但也是全体起立的庄严合唱时所产生的一点感想而已。对当事人来说，也许有用，也许没用。有一种东西叫"生活缀方"（生活作文），这个想法有一个前提，即只要如实记录日常生活的一部分就是有意义的。按照它的路数，我只要如实记录所见所闻以及由此而生的部分感想，或许就会产生一些意义。

要说具体有些什么，那首先要从"民主教育的确立"开始讲起。

2

不过，在说松山集会之前，我想先写一下我对某个教育现场的个人印象。这件事发生在东京的某所小学校，那里主要集中了中产阶级的孩子。与其说是年轻的老师正在教东海道及其港口这一"单元"，不如说是他让学生们就各自选定的题目朗读自己的报告，他自己则在一旁监督学生们的相互批评和应答的过程。小学五年级的男生和女生，毫不怯场地相继走上讲台讲自己的报告，其他的学生提问，然后讲台上的报告人回答。这种学习的自发性，讨论时自由的态度，茁壮成长的样子，大概还有不向别人请教问题先靠自己来解答的能力，都是战前旧体制小学根本没法比的。中学里有练习室，用来进行讨论、谈话、少数服从多数等训练，那里有点像"home room"。当"六三制"义务教育阶段结束的时候，比起那些完成了旧体制义务教育的国民，这些孩子在考虑事情的时候多少会更有自主性,更习惯在公众面前讲述自己的看法,从这个意义上来看,这可以称得上是民主式的国民的诞生。

（再说些题外话,正如我在其他场合反复说过的,我不太喜欢"home room"这个说法,我也不喜欢那些明明没什么用处,却特别爱用外来语新词的人的心理。我们日本人为什么非要说"core""curriculum"那种舌头打结的单词？这个理由到底在哪里？能用自然简单的日语说的事情,非要用外来语说,然后,为了理解这些外来语词汇,我听说还有人提议要在日本全国展开英语教育,真是太愚蠢了。）

不过,那个教育现场留给我的印象可不止这些。报告人有单独一个人的,也有两三人组队的,全部加起来一个小时做了四五个报告。报告的内容几乎全都是些毫无意义的数字和日期的罗列。小学五年级学生站到台上就开始说：东海道线开通时的第一辆列车是在哪年哪月哪日几点几分离开的新桥站,用时几小时几分钟到达的京都；横滨港的海洋面积是多少平方海里,某座栈桥下的水深是多少米,另一座栈桥下的水深是多少米。他们大概是查了百科事典或其他什么,小学五年级的学生只能做到这些,这是极其自然的事情。听报告的学生做笔记,至少在那一个小时里面,他没有获得任何像样的知识——只有这一点是明确无误的。地理、历史、乃至理科,都包含在刚才所说的"单元学习"当中。

我不反对这样的做法。我以前当小学生的时候，记住了西伯利亚河流的名称，背下了历代天皇的名字。我不知道，跟那种灌输无意义的知识的教育相比，现在这种培养孩子自主性的教育方法到底好到了什么程度。但是，系统性的历史知识不一定就限于背诵历代天皇的名字，这件事我们先不讨论。无论如何，以尊重学生自主性为由，不充分讲授那些系统性的算术乃至国语的知识的话，那么，对此感到不安的不只是我一个人。

学生的自主性应该是随着年龄增长而逐步增强的。关于"六三三制"的教育，我能说的就是，从小学到初中，从初中到高中，对学生的自主性越来越尊重，这是一个常识。反过来，如果小学尊重自主性，不灌输那些知识，那就必须在中学进行灌输，高中就只能放下所有事情，集中全力进行彻底的填鸭教育，如果是这样的话，那这个问题就必须重新从小学开始思考。自主性也好，"尊重人权"也好，从这个意思来说，都是一回事。——它和所谓的"基础学习能力"的问题有关，当父亲和兄长们看到"单元学习"的时候，对这些实际的情况，他们早就是清楚地看在眼里的。

然后，松山集会和这个教育现场的印象之间没有任何矛盾之处。

比如，"如何进行以尊重人权为中心的教育？"是集会第一目标、第一分科会的头等主题。这里最大的一个问题就是教师不打学生，学生做了坏事，老师不对他们进行体罚。当然也分时间和场合，但总的来说，不打孩子是对的，对此谁都没有异议。我听说，希特勒也认为不能殴打少年国民，禁止对学生进行体罚。我想说的是，不是可不可以打学生的问题，不仅不能打学生，废除一切体罚作为"尊重人权"问题、"民主教育"问题的中心，在很多的报告和发言中都被重点强调，但是，"尊重人权"的对象却是15岁以下的孩子。这两件事给我留下的印象是不可思议的，几乎是滑稽可笑的。所谓"人权"，它的思想基础就是人与人之间的平等，那么，这里说的"人"，是几岁都可以的吗？人权，应该是20岁以上的教师、文部大臣和天皇之间的平等关系。

然而，一个教师和一个10岁孩子的情况显然是有所不同的，这难道不是常识吗？当然，赏罚是一个教育技术上的大问题。但是，它跟孩子的人权有没有直接关系，这也是一个很大的疑问。还有，把人权问题扩大到这个范围来进行思考，这种看待人权的方式本身也存在疑问。

"（人权）是个什么样的东西呢？"有个地方中学的教师问我，"不管我怎么说，总是有学生捣乱，搞得没法上课，我都想把他赶出教室……"。

"那赶出去不就行了吗？"

"要是给赶出去，我就会挨批评。再说，赶出去了，这学生也不会变好。我得跟他讲道理说服他，可我哪有这工夫。就那会儿工夫，把别的学生都落下了。"

"是尊重人权吗？"

"是啊。"那位教师说道，听上去好像是放弃了。这种情况究竟算不算尊重人权过度了呢？要是能这么解释的话，那就没什么不能解释的了。如果是过度使用的话，得出以下结论就是理所当然的了。第一，所有的改革都伴有过度使用的问题。第二，过度使用不是方向上的错误，而是程度上的错误，所以冷静下来做一些调整就应该能解决问题。但这里我不打算用过度使用来解释。我觉得不能用它来解释这个问题。当然，尊重学生人权，这个方向本身没有错。但事情并不是这样的，产生这种混乱的原因是只从尊重人权的角度看待问题，它就是为了只从尊重人权的角度去看待那些本来就无法解决的问题。换句话说，只从尊重人权这个角度看问题，是无法涵盖所有的教育问题的。

用什么方法处罚孩子，当然只是一个常识问题，还用不着拿出人权来说事，根据时间场合进行处理就行。但像修身课那种问题，把它当一个常识问题来处理就说不过去。有来自学校外部的一些声音，要求恢复修身课，因为接受新教育的孩子缺少家教，不尊敬父母（不管父母怎样！）。然而，以前有过，现在没有了的修身课的内容，就是教师站在讲台上，宣传、鼓吹、激励一个理念——忠孝。于是，维护新教育的一方，教员工会的一方，就会说修身课不符合民主主义，反对恢复修身课，这也在情理之中。但是，这样并不能解决修身课的问题。为什么呢？因为修身课里有跟民主主义对立的内容，并不等于说修身课的领域跟民主主义原理和规则所覆盖的领域完全重合。用民主主义教育替代修身课的话，就会产生出入。如果认为民主主义可以完全覆盖那些有出入的部分，那就是把民主主义的概念扩大到它原有领域之外了。孩子的赏罚和修身课，不过是其中的一个例子而已。不论是尊重人权，还是民主的人际关系，总的来说，问题就在于用民主主义原理解决全部的教育问题，这个基本观点本身就有一定的难度。这还不是简单的过度使用的问题。

我个人的看法是，民主主义确实是当务之急，但它不是万能药，光靠它是解决不了教育问题的。教育是一项塑造人的工作，而民主主义只是对一部分而不是全部人类活动做出规定的一种原理。民主主义没有做出规定的那部分人类活动，对于教育家来说，当然不能信口开河，胡说八道。然而，能做到不信口开河的原理，并非来自民主主义，而是来自常识、习惯、伦理、美学，还有其他。总的来说，就是来自那些所谓的历史性文化的东西。

显而易见，我们必须培养有自主性的孩子。自己主动去接触事物，发表自己的意见，和伙伴讨论后做决定，这就是所谓的自主性。自主性很重要。不过，自己主动去接触事物的时候，他的态度有无限的可能性，而且，在他自己意见的内容，讨论时候提出的理想当中，也有我们能想到的所有的类型。到底选哪一个呢？从主动接触事物、有自己的意见、有自主性那里，是没法得出答案的。换句话说，对孩子来说，自主是必要的，但绝不是充分的。用一个极端的说法，就是自主性这种东西，在那些没有学问的文盲及只有无聊趣味和低级伦理的人身上，也是会有的。显而易见，培养有自主性的孩子，并不是教育的充分目的。

它的必要性，和它的不充分——只要没有自觉认识到这两点，所有的地方都会出现困难，结果就是不理解必要性的对手会很容易地利用这个困难。从形式上看，就是强调必要性的人和强调不充分的人之间形成了对立，而一旦形成对立关系，就有可能变成单纯的力量关系。不幸的是孩子的未来。

3

本来是不该在这里讨论民主主义的问题的，但问题既然是"民主教育的确立"，那我就提前把和民主主义有关的一个点先说清楚，这样应该会比较方便讨论。

民主主义的，只有民主主义的那种社会，在这个世界上的任何地方，都是从来也没有存在过的。这句话的意思不是说，从来没有实现过民主主义的理想。因为没有完全实现，所以理想就是理想，民主主义的理想当然也不是个例外。这是不言自明的。我想说的不是这个意思，而是一个具体的社会，它所具有的理想、原理、价值标准等这些东西本身不会只有民主主义一个，除了民主主义之外，经常还会有其他的理想、原理、价值标准在发挥作用。

民主主义本来是一个政治上的原理，比如跟它对立的是君主主义。但是，这个政治上的原理，以一定的方式规定了所有的人际关系，并由此规定了人的存在方式。一个人的思想和行为总体上是否具有民主主义特点——这种想法之所以不是完全没有意义的原因也在于此。但是，它跟一个具体的社会只靠一个政治性原理进行运作完全是两码事，它跟用源自那个政治性原理的一定规则和思考方式来处理人的生活的所有问题，也是完全不同的两码事。现实中也不存在这样的情况。要对此展开空想的话，那这个人和他的生活，还有他的文化，就太多太复杂了。事情并没那么简单。民主主义首先是在西洋发展起来的，所以举一个西洋的例子吧。西洋社会不是只有一个民主主义，同时还有基督教。这个社会之所以能够像现在这样运转，不单单是靠民主主义原理的存在，而是在民主主义原理也无法通行的领域，还存在着基督教，以及基督教和希腊主义结合之后形成的一个价值体系。如果用一个极端的图式法来说明的话，那就是民主主义是社会的框架，一个只有框架却没有内容的社会，实际上是不存在的。它的内容，比如在西欧是基督教，那么，在日本的封建时代，就是儒教。今天，当我们在日本制作民主主义框架的时候，它的内容该怎么办呢？日本民主主义的根本问题恐怕就在这里。不是只有一个民主主义势力和反民主主义的反动势力之间的对立关系才是它的问题。

教育是塑造文化的力量，义务教育是塑造国民文化的力量。但是，民主主义，只靠民主主义是塑造不了任何文化的。众所周知，所谓的小资产阶级民主主义在大国发展的一个例子就是美国，在小国发展的一个例子就是瑞士。战后去国外旅行的日本人参观最多的就是这两个国家。这些游客在那里到底做了怎样的文化观察？美国是一个相对年轻的国家，所以那里当然没有像日本这样古老的文化。但瑞士并不是一个特别年轻的国家。另外，议会制、普选制这种形式上的民主主义更适合小国，不适合大国，如果按照这个原则来看的话，比起美国，瑞士更适合实行彻底的民主主义，这也是众所周知的事实。

〔普遍选举、众人合议的政治是一种符合人口较少社会的制度，一旦将其用于人口较多的社会，就会造成很多困难。其中的详细缘由，早已被多次指出，现在不必赘述。希腊的城邦国家被认为是民主主义的故乡，柏拉图考虑的理想国的人口是市民5000人。事实上，在伯罗奔尼撒战争期间，包括妇女、孩子、外国人和奴隶在内，阿提卡的总人口大约有35万。而在希腊本土，除了阿提卡之外，没有一个城邦国家的市民（也就是有权者）人数超过2万人。当我们思考合议政体和民主主义的时候，一定要回想一下，它本来是为有权者人口2万人以下的城邦国家而发明的制度，这样也许会对我们有所帮助。后来，现代民主主义出现的很多困难都来自这样一个事实，即适合少量人口的制度被用到了人口规模巨大的社会当中。相对比较好的是瑞士。〕

日本来的游客在瑞士发现了哪些可以跟日本过去创造出来的东西相媲美的东西呢？我们曾经创造了那么多的绘画、雕刻、建筑、诗歌、戏剧，还有那么多风俗习惯上的丰富的美。除了精密机械工业的技术和山清水秀的风景之外，大概就没有什么了吧。除了阿尔卑斯山的照片和作为礼品的手表之外，也就是民主主义，不然的话，就是资本主义。乔治·布莱斯在《现代民主主义》一书中所指的那个世界，那个从民主主义运营中获利最多的国家，它的实际情况大概也就如此吧。如此看来，民主主义既不能覆盖文化问题的领域，又不能成为塑造文化的理论。文化，远比民主主义要复杂得多。我想，教育作为一项塑造文化的工作，肯定也是如此。

不过，这种文化概念本身就只是一部分特权阶级的东西，真正的文化难道不是为了提高大众的生活吗？对于这种观点，我也有所知晓，从文化不仅是诗文、艺术这层意思上看的话，我想它也是正确的。但认为只要平均工资提高，人权受到尊重，生活水平提高之后，文化就会自动出现在那里，这种观点是不正确的。就算有了这样的生活，事态也有可能发展成另外一幅景象：大众除了漫画什么都不看，沉迷于棒球和足球，盯着电视机挪不开眼睛。知识水准的低下和趣味的低级已经无法用语言表达，人生的目的就是用月薪购买新车，开着新车只去一个地方——酒吧，然后在酒吧喝大酒，排遣无聊透顶的人生。那不是大众的文化，那只是大众的野蛮。把大众的野蛮和大众的文化区别开来的，不是大众的生活水平如何，而是大众的精神如何。如果有人认为谈论大众的精神就是脱离大众的话，那这个人才是违背事实、不当地贬低大众的人。为什么呢？因为大众非但和精神有关，而且，大众里面一直都蕴含着精神性的东西，如果不从大众那里汲取生命，就不会有精神文化上的繁荣。

如果问题不在文化，而在大众的幸福的话，那事情就更加一目了然了。一般来说，人的幸福，与其说是由外部给予人的条件所决定的，不如说是由这个人的心态、想法以及对外部条件的不同接受范式来决定的。应该没有比一直跟孩子在一起的教师更了解这一点了。一生当中，不论我们得到什么，很难会有像孩子得到一盒点心时的那种幸福。决定幸福的那个决定性要素，不是生活水平，甚至可能都不是社会所保证的权利。社会之所以需要平等，不是因为要把幸福平均化，而是因为作为人，他本来就应该是平等的。社会权利上的平等，这种观点当中不会产生幸福，也不会直接产生文化。在民主主义的背景当中，一个最基本的观点，就是作为人，他本来就是平等的。

我绕了一个远路。眼下的问题是，朝着民主主义方向所进行的全部改革和反对这些改革的反动力量之间即将形成对立关系，而这种对立关系也反映到了义务教育这个层面，于是才会在松山集会上提出那样的目标。对此，我也不是不知道。我知道却还要绕远路的原因是我有这样一些想法。如果存在一种不从应有的角度去理解民主主义，非要超过它的界限并进行随意扩张的倾向，那么，这个倾向：第一，它就是全国集会偏向和过度使用的根本原因；第二，它就是让全国集会从"50万"工会会员和很多教室的实情里浮现出来的理由；第三，它让那些以要求恢复修身课的方式对新教育提出的批评具有了说服力；第四，结果就是当前的对立关系中，它是把针对新教育的反动力量朝着有利方向引导的原因。日本民主主义的问题，不仅是维护民主主义的一方，和针对他们的反动的一方之间的对立关系，更为根本性的问题是，在民主主义的框架之中放些什么内容。显而易见，对立关系是当务之急，但是如果不清晰地理解根本问题所在的话，当务之急也是没法解决的。过去的修身课跟民主主义之间是对立关系，但这并不是说要马上替换掉修身课，换成社会课来进行民主主义的训练。真的能替换掉修身课的东西，是在民主主义的框架内从内部来应对它的东西，是在现在的日本社会当中完全处于混乱状态的东西。——这些东西该怎么办？这才是根本问题，不能自觉地提出根本问题的时候，就会有恢复修身课的要求，就会形成"意识落后"教员的踟蹰以及这种踟蹰的顽固性，松山的全国集会就会一边在"民主教育"这条线上提出尖锐问题，一边在把握民主主义这件事上给人留下一种不可靠的印象。

不过，在讨论现在该怎么办这个问题之前，我想先说一点，就是教育的机会均等。"民主教育"这个表达里面当然也包含了这层意思。总之，在松山集会上，只要一有机会，教育机会均等就会作为一条支配性原理被不断地强调。

4

毋庸赘言，教育机会均等作为原则是令人期待的。但是我认为，如果升学到高一级学校的机会不均等，只在义务教育内容上完全贯彻机会均等原则的话，实行起来就会有困难。

比如，我强烈反对试图在全日本中学统一教英语的倾向的时候（《世界》，1955年12月，1956年1月），并不是反对在中学教英语。也就是说，我认为教一部分学生英语是有必要的，但教全部学生的话，就会有很多浪费，就不经济。有很多人反对我的意见，说接受英语教育的机会应该对所有学生都开放。然而，接受英语教育的机会均等，只有在接受教育后相伴而生的结果是利用英语知识的机会均等的时候，才有意义。利用英语知识的机会，第一，要看升到高一级学校的机会，第二，要看结束学校课程后职业选择的机会。众所周知，除了本人能力和努力上的差别之外，因为家庭的经济能力和地方的特点，这样的机会是完全不均等的。认为必须给所有孩子接受英语教育的机会——这是对英语使用机会完全不均等这一事实视若无睹的情况下才会产生的观点。那么，这就让人不得不怀疑主张教育机会均等，到底是为了什么，为了谁。显而易见的是，至少它不是为了孩子的将来。英语只是一个极端的例子，不光是英语，不论学什么，所谓学习机会均等，只有搭配所学内容使用机会均等才会产生实质性的意义。当我们把教育机会均等作为原则进行提倡的时候，应该时常考虑到这一点。

但是，学以致用的机会问题，只在义务教育的框架内是解决不了的。如果要这么考虑的话，当然就会出来一个比它更大的框架内的问题。比如，高中和大学里的奖学金（使高等教育机会完全独立于家庭经济实力的、充足的、实质性的、执行彻底的奖学金）等问题。还会出来一个问题，就是优秀的学生集中到一部分大学之后导致所谓的"考试地狱"的问题。如果走到这一步的话，那这个问题就超过了教育制度和技术的范围，变得和整个社会都有关系。义务教育的教员在集会现场把问题的范围扩大到这个程度，讨论时的氛围就好像不建立一个民主主义的政府一切都无可奈何似的。他们这么做也许没有多大意义。在给定的条件和力所能及的范围内进行讨论，这是理所当然的。但如果要在力所能及的范围内贯彻原则，那事先要对这个范围会扩大到哪种程度有一个预判，这样就会比较方便。因为有了这个预判，对在能力范围之内贯彻原则到哪种程度比较合适，对这个合适的程度也能做一个预判。

我去松山，看到那些活跃的日本教员工会的人，看到他们是如此积极地想要彻底贯彻教育机会均等原则，我为之惊叹不已，大致有了以上这些感想。

但我的感想不止这些，我想，包括至少一部分参会者，包括对新教育持批评意见的工会外部的人，实际上，很多人的感想应该也不止这些。那些热心于教育机会均等的人，在教育的知性内容水平最高的地方，还要把它继续推向更高，他们对这个工作到底有多大的热情？比如，为了提高日本的学问和艺术的水平，在初等教育阶段要想哪些办法？——如果对这个没有热情，也没有具体办法的话,那么,囫囵吞枣地接受教育机会均等原理的人也不会很多。在战败之后有一段时间,我们国家被叫作"文化国家"。现在再去打听这个已被遗忘的旧词的意思,也于事无补。但现在比较确定的是,只要保持不住应有的学问和艺术的水平,也就很难保持住日本国民作为国民的骄傲。要想保持住应有的学问和艺术的水平,毫无疑问,就需要有相应的办法。如果现在这个办法仅限于"六三三制"课程,这个话题就限定在学问、艺术中的学问的话题(因为艺术不知从何而来)的话,难道就不需要针对特定的学校或年级,进行一定程度的、跟今天完全没法相比的那种程度的填鸭式教育吗?如果完全贯彻教育机会均等,教谁都是一样的内容的话,这种事情就没法办到。大学生的水平会下降,学者的水平或许不会下降,不过,至少学者为了挽回那"六三三",也就是那荒废了的12年时间,必须要付出巨大的牺牲。这些事情都不予考虑,只是机械性地去贯彻教育机会均等的话,这样的做法对还是不对,就是一个很大的疑问。

这是以学问为业的、例外的、少数人的问题,总之,它可能不是义务教育中一个决定性的问题。毫无疑问,决定性的、重要的问题,是在义务教育阶段结束时培养出来的日本国民的学力问题。特别是基础学力方面的国语和算数的学力,特别是系统性知识的程度——这些都该怎么做?这也是松山集会一个分科会上讨论的问题。我没能去听那个分科会,也没法谈论我对分科会的感想。我的感想都和现在进行的教育有关,结论就是照现在这样,

松山的印象——民主教育的问题

那就是无计可施,我们必须要想方设法把学力提高到一定水平。

松山集会的参会者K氏是某地方大城市的一名中学教员,他的专业是国语。有天晚上,他在道后温泉旅馆的一个房间里跟我说的那些话,或许值得重新记录下来。

K氏举报纸的社论为例,他说,大部分中学毕业生在理解社论时感觉到语言上有困难。原因之一,小学阶段读写能力的训练不足;原因之二,中学的教学方法存在缺点,出现在教科书里的汉字数量不足。中学教学方法上的缺点,还有诸如不教国语语法的系统性知识等问题。所以,他们阅读日本文学中稍微古一些的东西就非常困难。K氏现在使用的中学教科书里只有《万叶集》短歌十首左右,《徒然草》的几段内容出现在引用部分,没有德川时代及以前的古典文学的教材内容,相比之下,出现在教科书里的大量内容都是像雨果的《银烛台》那样的翻译作品。

以上是K氏说的大致内容,现在听到这番话而感到吃惊的应该不只是我吧。

为了保险起见,我再重复一遍,很多接受了九年义务教育的日本人,他们的知识都不足以阅读自己国家的报纸,在日本的日语教科书里面,西洋文学的翻译比日本古典文学还要多。我先声明,我常常接触并感觉到西洋文学里有很多不同于日本文学的好的地方,一直都在尽可能多地从西洋文学那里学东西。但我从没想过日语教材必须要有西洋文学翻译作品的必要性。这样的想法在我看来真是愚蠢至极。而且,我想,如果对如此愚蠢至极的事情都感觉不到愚蠢的话，那么，至少是不适合谈论什么民族文化、国家文化独立等问题的。如果一个国家固有的精神文化贫弱到要用外国翻译作品去教本国语言的程度，那还有必要拐弯抹角地去谈论什么民族文化吗？我并不是随意举出一件事并将其普遍化，我所举的这个例子是在任何人看来都很清楚明白的一件事。相比之下，令人吃惊的是在接受九年义务教育后，学生日语理解能力的贫乏程度。只要九年国语课都不系统地教授国语语法，不采用古典教材，那么，它的主要目的肯定就是实用，就是为了满足当下的实际目的。如果从语言层面都不能轻松阅读报纸社论的话，那么，国语教育的目的究竟是为了阅读什么呢？当然，也有能读的学生，问题就出在学生的平均学力上。诚然，日语很难。但制定新假名，限制汉字的数量，不都是因为这个原因吗？民主教育的确立，尊重学生的自发性，这是好事，但应该灌输的如果不能彻底灌输的话，那民主主义本身就无法成立。比如，总选举这个工作就是国民选政党。要选政党，就要看它的政策，选民这一方要讨论这个政策，前提就是要阅读报纸并理解它。如果阅读报纸时存在日语知识上的困难，那就没法指望他能做好选举。如果不会日语，那应该也没法充分参与日本的民主主义。既然日语在读写方面是一种麻烦的语言，那日本的"民主教育"就应该采用一种特别的态度，一种不同于那些国语读写更为简单的国家的态度，去处理国语教育方面的问题。

　　所谓"学力低下"的议论，看来也并非空穴来风。教算术的时候，教法不能是碎片式的，必须是系统性的。这些看似理所当然的事情，现在还必须重新再强调一遍——这也反映出至今为止的教育中存在的缺点。现在，这个时机逐渐成熟，就算术这门课来说，学校和"话之泉"之间的区别已经越来越清楚。也有人认为，应该把比战前还要落后一年的算术，提高到战前的水平。当然，义务教育过程中，算术应该教到什么程度，就这种技术性问题，我是没有什么资格发表意见的。我只是为这个能预防学力低下的想法而感到高兴，不但要防止学力低下，如果还有能进一步增强学力的方案出来的话，我会觉得更好。我回忆起自己以前在教育现场学习算术的往事，用常识判断的话，算术是一门不怎么受年龄限制的学科。然而，对某个年龄以下的人来说，这世上有很多难以理解的事情。我总觉得，在年龄还不大的时候，最好提前多学点算术，至少对那些以后必须要从事其他学问的人来说，这样会很方便。比如，我在旧制中学上学的时候，明知道学校很无聊，又没什么其他特别的爱好，所以学校教什么我就学什么。如果当时学校教微积分，也许我就掌握了微积分的初步知识。可按照当时的制度，要到高中才开始教微积分的初步知识。而我上高中的时候，又发现了其他感兴趣的东西——只是我感兴趣的对象很是无聊——最终还是没能花时间去做微积分的练习题。我当时就想，在开始谈恋爱的岁数之前就知道微积分的话，那是最方便的。谈恋爱跟年龄有关系，微积分跟年龄的关系，至少没到谈恋爱那种程度。而且，如果要升学的话，不用说，再没有比微积分更方便的工具了。我上完旧制中学的时候，总觉得算术的进度实在太慢。如果现在中学的进度比我那时候还要慢的话，那我觉得，至少对一部分学生来说，这会造成很大的时间上的浪费。

不过有关学力低下的问题，现在的教育专家好像也在有意识地思考解决之道。我把话题再拉回原来的思路，回到我考虑的根本问题，即最初确立民主教育的时候，在民主主义的框架里放些什么东西才能填满它的内部。填满内部的东西，在西洋是基督教，还有以前基督教形成的价值体系。这在日本可行不通。那日本该怎么办呢？从这个意义上看，松山的第五届教育研究集会正在无意识地、自发地参与到一项所谓的不可能完成的事业中。

5

近万人会聚到松山，讨论了从人权到国际关系、从男女关系到人种问题的各种各样的问题。除了讨论问题，还讨论了怎样保护那些上下学特别远的孩子，冬天防雪、夏天防熊的经验，同时还有"李战线"和基地问题。甚至还有人讨论怎么教"资本主义的矛盾"。要是累了，参会者就站起来合唱。不过，合唱的音乐不是欢乐的，而是认真、严肃、庄重的。歌词是祈愿幸福的，但唱的却是"工作是非常艰苦的"，强调为了克服艰难困苦就必须要团结。那些唱歌的人，他们的表情看上去就跟歌词一样，诉说着工作的艰苦，也正因为如此，他们看着就像是随着歌声一起为团结的必要而呐喊。合唱结束后，他们就开始围绕大概能想到的所有问题重新展开无穷无尽的讨论。如此之多、如此之复杂的问题，显然是无法轻易得出结论的。这是理所当然之事，我自然不会去批评它，我连教育研究集会把问题扩大都没想过要批评它。因为我觉得，是日本今天的特殊情况才让教育研究集会提出这些超过他们原本能力范围的问题。

如果教育是一项培养人的工作，那么，为什么要培养就是教育家的问题。但是，培养什么样的人却不只是教育家的问题，而是全社会的问题。然而，战败后的日本，全社会都找不到一个人应该有的样子。换句话说，就是战前某种程度上存在着的人的价值体系崩塌之后，新的体系还没有建立起来。教师在思考如何培养人的问题之前，先要自己探索培养什么样的人的问题。所以，在教育研究集会上出现各种各样超出了教育技术问题的问题，也没什么好感到惊讶的。现在会变成这样，也是情理之中的事。不回避问题的教育家，我怎么会去批评他们呢？我更多的是对他们的尊敬。

然而，就算有50万人积累了十年的经验，就算那些经验积累成的全国集会开了五届，对教育研究集会来说，要重新赋予崩塌的日本人以新形象这样的工作，本来就是一项办不到的工作，我想，应该要承认这个"办不到"。如果有一种思想上的倾向，认为民主主义把这个"办不到"给强行消除就能解决问题，那么，对于这种思想上的倾向，我是不满的。理由正如我前面说过的，因为教育上说培养什么样的人的时候，只说要培养民主的人、自主的人，这是不够的。我再重新说一遍，民主主义是一种框架，它的内容本身才是我们必须要考虑的。但在今天的社会，它的内容却是以一个完全混乱的形式而存在的。它不存在于眼前，它是我们接下来必须要去建构的东西。而且，不去建构的话，就不知能否建构出一个清晰明确的样子来。但我们既不能因此下结论说不要内容了，也不能期待有了民主主义的框架之后，相应的内容就会自动出来。实际上，从框架里可能什么都出不来。从这层意义上来看的话，"民主教育的确立"这条线，我觉得是完全正确的。与那个框架相呼应的、自动产生的东西，我想，它不是文化。从来没有一种文化是自发而生的。文化，必须要创造，为了创造文化，只有民主主义是不够的，我想我们必须要意识到这一点。意识到这一点之后，至少那些看上去使用过度和有偏向的东西，就会成为让我们的常识接受的东西。不管是修身课，还是历史课，对于那些用复活战前某些东西的办法来混淆事态的提案，维护新教育的一方应该能做出更有说服力的回答。同时，对于日本教员工会十年的经验，他们应该会感到比今日更强的自信与骄傲。因为他们搞清楚了自己主张的原理的界限，他们直接面对工作的困难——没有比这些东西更能证明他们对原理的自信和对工作的骄傲的了。

困难就在那里，而且非常巨大。不把困难看作困难的做法是危险的，胡乱扩大民主主义的概念并把它看作万能药的做法，也是危险的。我想我已经反复地强调了这一点。但我想强调的不只是这一点。我还想强调一下，困难的工作同时也是不可替代的工作，新教育里不是只有障碍。日本教员工会的研究集会里存在着一种没有充分意识到极限的倾向。同时，又存在着一种该感到骄傲时却显得有些含蓄的倾向。该为什么而骄傲呢？当然是为这十年来，作为工会，为了民主主义而积极开展工作，在第五次集会上表示反对犯法改恶的"决意"的历史。而且，在这段历史当中，还教育了全国的孩子，确确实实地为日本的民主主义增添了要素，这些要素是任何权力想倒退都无法立刻将其清除的。这些要素也许都是不起眼的东西，应该也是不起眼的东西。如果说日本的民主化过程中有什么不可逆的部分，那么，最重要的就是新教育下的第一代人的存在，他们通过新教育第一次知道了什么是人权。为了战后民主主义而积极开展工作的，不只有教师。在最深的地方、最难以倒退回去的地方开展工作，从这层意思上来说的话，教师，尤其是从事义务教育的教师，我想他们可以为自己的经历感到骄傲。深层的变化是微小的变化。虽然微小，但只要发生了不可逆转的变化，它的意义也是巨大的。反正人是不会改变的，和人是会一下子改变的，这两种观点都是错误的。

原来以儒教为轴的传统价值体系崩溃了，在还没有什么东西可以取而代之的社会里，没有其他任何地方提出这个教育的问题，所以，从积累日本才有的经验这一层意思上来看的话，这是一项很特别的工作。建构民主主义的框架，在这个框架中加入什么样的内容？不试着去做就不会有答案，而能够试着去做的就只有我们，我们应该为此而感到骄傲。对这项工作的热情与执着，就是对那些只存在于日本，只能在日本做的工作的热情与执着。日本式的东西不只有歌舞伎和浮世绘。日本放弃日本这件事并不是发生在江户时代之后，所有日本式的东西跟我们相隔的并不都是百年以上。我们的当务之急正是我们最感兴趣的地方，我们的热情与执着的焦点才是最日本式的东西，是日本式的东西的核心。从事新教育的人自觉地认识到这一点，并为此而感到骄傲，我想那是理所当然的事情。那或许就是一边意识到工作的困难，一边还不放弃工作的唯一的一条道路吧。

日本的眼泪与叹息

1

欧洲航线的轮船从马赛出发前往日本,横穿印度洋,越来越靠近马来半岛的时候,就逐渐能清楚地听到日本的广播。航线上有很多15年前我们天天在报纸的标题上看到、之后从没再想起过的地名。但那都是过去的事情了。对于船舱里的我们来说,接触到今天,也就是当下的、活生生的日本,则是从扩音器在船里播放日本的旋律开始的。在日本广播局献身式地、以压倒性态势24小时播放的令人怀念的流行歌曲,还有那悲悲戚戚、哭哭啼啼,让人泪眼婆娑,让人平心静气的旋律的伴随下,所谓的日本就这样出现了。

这的确是欧洲没有的东西。游客也许在秋天的威尼斯听过船歌,在圣诞节的伦敦听过赞美诗合唱。或者,在德国南部的啤酒屋听过快活的民谣,在法国广播里听过香颂歌手巧妙地把时事唱得俏皮机智。当然，肯定也听过到处都有的嘈杂的爵士乐。但应该在哪儿都没听过这种孤独寂寞、郁郁寡欢，为了眼泪和叹息而创作的小调歌曲。游客认为这就是日本特有的东西。眼泪和叹息之国——日本！

不久之后回到国内，我注意到，显然不只是流行歌曲把整个日本都搞得泪水涟涟。眼泪和叹息不是广播局的专利。

电影公司依旧在制作那些"催人泪下"的母亲题材、孩子题材、大哥和小弟题材、在义气和人情之间左右为难题材的电影——总之，只要催人泪下就是好东西。有人可能会说，不止拍了这些。那是当然。不过，这件事最荒唐的地方就是，大众电影哪个国家的都差不多，但这"催人泪下"的广告却不是哪个国家都有的简单的东西。只有日本有。它不能像拨动日本人的心弦那样感动其他国家国民的心灵。"催人泪下"这个表达，在日本以外的国家，压根儿就没法作为电影的广告而成立。

流行歌曲、浪花曲、电影，这些东西就算是充满了眼泪与叹息的感伤世界，总的来说，也就是个虚构的世界，跟我们实际的人生没有任何直接关系。但是，那么喜欢在感伤世界里玩耍的人，他们的内心深处看上去原本多少也有些感伤的倾向。

怀着一颗感伤的心，走向那个冷酷无情的国际权力政治世界的话，究竟会怎样呢？号称政治家、公务员的那些人，听到某个国家随口一说对日本有好感，他们就当了真，要是当了真，那可就危险了，我觉得就不能坐视不管了。因为对方可不是我们的同伴，不是听着同一首流行歌曲就会感到平心静气的同伴。

不过，与其把问题从流行歌曲一下子转移到国际政治，还不如先搞清楚产生眼泪和叹息这种心情的日本的哲学——如果读者喜欢的话，用"观念形态"这个表达也行——到底是怎么回事。

2

感情生活上的感伤主义，在思考方式上似乎有一种"全或无主义"的看法——如果现在假定是"全或无主义"的话——比如"好人坏人主义"只不过是它在伦理上的一种体现，是后面我将说明的某种彼岸思想及其理论的必然结果之一。总的来说，"全或无主义"在战后日本的言论中的确表现得非常具有典型性。

战争期间一有什么不对的，就说"这也算日本人"。在这个时代之后到来的那个时代，就是一有什么不合理的就说"日本式的"时代。然而，战争期间，日本就是一切，只要明确了不是一切的话，那就必须是"无"。与此同时，外国在战争期间应该是"无"，战后判断它不是"无"的那一瞬间，外国就成了一切。日本有不好的地方，也有好的地方；外国有好的地方，也有不好的地方，这些再平凡不过的话，论客们却不爱听。

战败后的日本需要把国民民主化，现在也是。当然会出现所谓的"使用过度"，只批判使用过度，就是不负责任的吹毛求疵。所有的改革都伴随着使用过度。反对一切的使用过度，事实上就等同于以此为借口反对所有的改革。然而，战败后的日本所需要的改革竟然是现在才开始的对《人权宣言》的确认！这可不是那种以为是外国强加过来的，今后就会被改造成日本式的、漫不经心的改革！西洋人先搞了《人权宣言》，这事就跟西洋人先发明了青霉素是一样的。得了肺炎的日本人不能拒绝注射青霉素，在法律、经济、社会和文化上都被剥夺了人权的日本女人不能拒绝《人权宣言》和家族制度的改革。药物会有副作用，改革会出现使用过度。但这丝毫不能改变药物的压倒性效果和改革的绝对必要性。使用过度不是什么大问题。

换言之，以西方诸国为《人权宣言》和民主主义的典范，那是理所当然之事，从这层意思上说，类似落后国家和发达国家这种观点，也就是发展阶段说的大流行，那也是理所当然之事。但因此就认为西方诸国万事都比日本顺利的话，那就不能说是理所当然之事了。因为说到这里，早就不是"使用过度"能搪塞过去的了。法国女装品质上乘，世界第一，由此推断男装也佳，这就是使用过度。如果由此推断所有法国人都过得比日本人幸福，那就已经不是使用过度了。那就涉及这个想法的根源，即以女装为契机而触发的"全或无主义"。然而不幸的是，"全或无主义"，不仅仅是以女装为契机而触发的，它也是以发展阶段说为契机而触发的。西欧是发达国家，日本是落后国家。所以，日本必须赶上西欧。这里什么都没有，那里有秩序和美，合理主义和个人主义，民主主义和资本主义，还有所有的、一切的、无数的主义。

有一种心里的偏向是没有什么变化的，那就是即便资本主义变成社会主义，只要它不是日本的东西，对它的憧憬和对许诺之地的梦想，就会让人心潮澎湃。你啊，知道吗？在南方的国度，民主主义的鲜花正在怒放……——发展阶段说以"全或无主义"为媒介，一旦在辩证法上被扬弃，那它就会成为某种彼岸思想。我不知道那种彼岸思想和佛教之间的关系。但我想以后也许就会有合适的学者写出"社会学中的彼岸思想研究"和"佛教对发展阶段说的影响"之类的论文。

把发展阶段说和"全或无主义"联系在一起的时候，一般来说，大概会有以下几点含混不清的地方。

第一，说发展阶段的时候，不清楚说的是什么的发展。生产力会发展，气候不会发展。但是，关于生产和气候之间存在的那么多东西，都是含混不清的。稀里糊涂地认为一切都会发展的想法也是从那里来的，这种想法又引出了另一个想法，那就是发达国家和落后国家之间的差距包含了所有一切。

第二，跟日本相比，从某种意义上看，西欧诸国肯定是发达国家。但在西欧诸国当中，是哪个国家的哪个部分就含混不清了。或者，比如说，那里的民主主义更发达，但发达到哪种程度，也是含混不清的。"全或无主义"不考虑事物的程度。比如，糟糕的婆媳关系是带有封建性的，而美利坚合众国不是一个封建国家，因此，美利坚合众国就没有糟糕的婆媳关系。——显然，这样的结论是错误的。错误的原因就是在程度的问题上存在着决定性的不谨慎，比如，糟糕的婆媳关系在多大程度上是带有封建性的，而美利坚合众国的社会在多大程度上是民主主义的，又在多大程度上是合理的。

3

感情生活上的感伤主义以及对事物看法上的"全或无主义"，在国际政治方面就表现为极其单纯的"敌友主义"。如此想来，那种纯情专一的"敌友主义"迄今为止有多少次和现实背道而驰呢？都出了多少晴天霹雳般的事件，对事情的"复杂奇怪"感到多么惊奇，要么死心，抛弃掉内阁，要么不死心，紧握住政权。

当你以为希特勒是朋友、苏联是敌人的时候，那个朋友和敌人结成了同盟。当你以为"自由诸国"是朋友，朋友的大统帅是麦克阿瑟的时候，"自由诸国"中的一方给另一方施加压力，罢免了大统帅。当你认真地相信世界本来就分为敌友两方，中立是不可能的，而鼓吹这些观点的那帮人是敌人的间谍的时候（说这些话的当然不只是日本的政治家，但相信这些话的，除了日本之外还有多少呢？这一点令人怀疑），科伦坡会议诸国尤其是印度，阿拉伯同盟尤其是埃及，它们对国际政治的影响力眼看着变得越来越大。当你以为"中共"是我方必须要准备好军事力量将来进行侵略的假想敌，台湾当局是朋友，当你以为与全部的"中共"贸易相比，保护吃台湾香蕉的自由更加重要的时候，敌人建议调整邦交，朋友妨碍日本加入联合国。你现在正在想方设法地调整逻辑，但就算你成功地硬要装出来符合逻辑的样子，那也是长久不了的。如果将来作为朋友的大统帅比日本先承认了"中共"的话，那么，每次出现这种事态的时候，日本内阁就会因为"复杂奇怪"而不得不辞职。（现在是1956年2月。之后又过了15年，1972年春，发布了美国总统访问北京的消息，这对日本政府来说，果然是个"惊诧"。但内阁对辞职的责任感已经消失了。——1974年追记）

对于那些只能通过"敌友主义"进行思考的人来说，再没有比"冷战"更合适的观念了。它可谓正中要害。让亚洲诸国的国民信服"冷战"这种挖空心思想出来的空中楼阁，总的来说是一项非常棘手、经常失败的事业，但却只有在日本轻而易举地获得了成功。麦克阿瑟将军离开日本的时候，曾说过日本国民就是12岁的孩子，有人怀疑他这句话说的很有可能就是这个意思。一个勤勉、聪明，但却感伤的12岁的孩子。根据这个孩子的世界观，世界分为敌与友、善与恶；人，要么百分百的善，要么百分百的恶。所谓"冷战"，要而言之，就是为了让大人相信这种小孩式的想法的一个复杂过程。对于那些大众传媒能够发挥威力的群众来说，这也许不是很难的事业，但对于任意一个国家的领导人来说，这几乎是一项不可能完成的工作。然而，如果太平洋的一角有一个岛国，那里有高度发达的技术和勤勉的人，而且，不可思议的是那里的领导人始终保持着一颗童心的话，会怎么样呢？——外国的将军大概就是这么想的吧。或者，将军本人并没有这么想，而在听了这些事情之后，世界有了这样的想法。

总之，"敌友主义"是"冷战"的原理。但是，"冷战"的实际情况，就跟所有政治的实际情况一样，它跟原理之间相隔千里。日本政府越是感伤地沉醉于"冷战"的原理，自然就离"冷战"的现实越远。

4

不过，日本这个眼泪与叹息的国度，要说日常生活灰暗的话，倒也没那么灰暗，有些方面过得还相当地快乐。那快乐里面有着终日看得到未来的感觉，但这种事情也不单是日本才有的。

说句得罪人的粗话，假如诸位喝醉了酒，给小汽车撞了，有阵子没了意识，等清醒过来，回到了家。当你想要回忆起事情的前后经过时，就记得自己下班后去了酒吧，不知道离开酒吧后，是在哪条马路上被小汽车给撞了。撞得严重点的话，连去过酒吧这一段都记不得了。再严重一点，撞得一直昏迷不醒的话，那当天发生的所有事情就都不知道了，能回忆起来的就只有截止到前一天的事情。大脑受到损伤后，一般来说，记忆是从离那个瞬间最近的时段开始消失的，医生把这种现象称作逆行性遗忘症。这种症状一般发生在个人身上，不过，因时间和场合的不同，好像也会发生集团性的病症。因为日本有一种其他地方没有的现象，就是集团性逆行性遗忘症。正是集团性逆行性遗忘症，才是让日本这个眼泪与叹息的国度开朗、快乐、其乐融融的巨大力量。

有过战败的"休克""一亿人总忏悔"的说法，就是把战争记忆中最重要的战争责任者的名字给忘掉。这就是逆行性遗忘症最初的表现。像日本这种高度组织化的、中央集权性质的国家，要说没有一个特定的战争责任者的话，那就是一个童话。并不是因为没有战争责任者，才会出来一个"一亿人总忏悔"的说法，而是因为战争责任者被忘掉了，它才会成为一亿人的责任。这并不限于战争责任者。比如，当战争因敕语而结束时，因为忘掉了战争因敕语而开始的事情，所以才会把陛下的恩情铭刻在心。当美国人成为日本的主人时，因为忘掉了"鬼畜美英"和"打死他们"，所以才会在风俗和学问上非常愉快地、热烈地以美国人为模范。当国家的民主化成为问题时，因为忘掉了自由主义与日本国体相悖，所以才会牺牲自我去保卫所谓的"自由"，甚至为有可能去"征伐"共产主义而情绪高涨。——这就是所谓的战败的"休克"，由此引发的遗忘症的类型，跟个人喝醉后被小汽车撞到时的情况非常相似。

之后的十年，零碎的"休克"被连续不断地排布，它出现时很多情况都会牵涉到逆行性遗忘。虽然看起来复杂，但确定无疑的事情就只有一个，那就是从战败的"休克"之后，整个国家的记性都变坏了。

比如，美利坚合众国刚占领日本时，它通过占领军接二连三地使出必要手段以实现日本的非军事化和民主化。但众所周知，没过多久它的对日政策就掉转方向，变成了日本的军事化和非民主化。（这不仅是从一般意义上来说，而是在日本所处的条件之下，非军事化和民主化无论如何都会联系在一起。而且，在包括美利坚在内的日本国内外的所有地方都有一种常识，即不管你喜不喜欢军事化，它至少会伴随着某种程度上的非民主化。）这种变化当然是基于合众国的需要。因为那就是合众国的政策。基于合众国自身需要的合众国的政策，它怎么契合或不契合日本自身的需要呢？对此做出准确的判断应该就是我们这些日本人的问题的开始。于是，认为契合的人就不得不亲美，而认为不契合的人就不得不反美。但我想，还是应该有更多的人不是从亲美或反美、敌人或朋友那种过于单纯的角度来思考问题。"敌友主义"者，忘掉了十年前的过去，含混不清地把政策的变化和整个美利坚合众国混为一谈；主张再军事化和"征伐"共产主义的论者，忘掉了那个"硬塞"过来《人权宣言》和民主主义的国家；反对再军事化的论者，忘掉了那个要求释放政治犯，促进工会发展，推动土地改革和解散财阀的国家……

我绝不是在讽刺挖苦。我的意思是，如果不这么做的话，就没有办法在今天的日本这么开朗地活下去。眼泪和叹息，必须有代价。这个代价就是一种集团性的逆行性遗忘症。

5

但有时它也会伴随着危害。第一，文化是持续性的东西，所以，一个随意遗忘的社会培育不出真正的文化。第二，忘掉过去的社会，也会忘掉未来。换句话说，忘掉过去或许能让人乐观地接受未来，但却不能让人对未来做出正确的预测。

关于第一点，我现在还无暇涉及。比如，单就读书这一点来看的话，读如此之多的月刊杂志和新刊书，却只读如此之少的过去的书——这种国家在全世界也是很少见的。当然，出现这种情况，也有其充分的理由，有好的地方，也有无奈之处。但它是把我们的文学和思想变得浅薄空泛、无根无据的最大的原因之一，这也是不可动摇的事实。

关于第二点，并不一定都是危害。如果说过去的事情就让它过去是一种男子气概，那么，不对未来忧心忡忡，应该也是一种男子气概。

有一种手术叫作脑白质切除术，据说对忧郁症患者比较有效，就是在头盖骨的旁边开一个洞，用一把很细的手术刀从洞口伸进去，切断联结头前部和大脑其他部位的神经纤维束。因为头前部是思考未来的部位，所以把它切除的话，就不会再担心未来，忧郁症也就治好了。战败的"休克"造成了集团性逆行性遗忘症，而占领军毛糙的治疗大概就是一种脑白质切除术。所谓战后派的年轻人都在开朗地舞蹈。那些人从一开始就没有记忆。他们活得还不够长,没有长到记忆累积以至于不忘掉就没有办法的程度。将来的事情,对个人来说,是没法指望的,对社会来说,也是完全靠不住的。这种时候,那些无论如何都要开朗地活下去的人,也就是日本的青年,他们本能地知道,要想开朗地活着就只能完全不考虑将来的事情。

但是,比如,政府的工作是备齐条件让国民开朗地生活,而不是自己去奇怪地描绘什么乐天主义的空想。关于未来,不论它是多么令人不安,也都必须要做好预测。但是,如果不分析那些被遗忘了的过去,究竟要从哪里得出对未来的预测呢?

实际上,日本政府最近做的大的预测,没有一个是正确的。我们的外交专家,战前在判断希特勒的意义上犯了错误;战争期间在评价美利坚的方法上犯了错误;战后笃信"冷战"这个唯一的认知,意识到参加亚非会议的诸国,尤其是印度和中国的意义花费的时间漫长到令人难以置信。外国人叫他们12岁的孩子,现在,我们这些日本的庶民也不会再认真地听他们说的话了。

但那不单纯是因为他们的想法很感伤。当然,他们有时候也会说一些天真的、感伤的、可怜兮兮的孩子气的想法,一旦注意到这一点,他们就会对自己说,本来嘛,越感伤,权力政治就越是纯粹权力性的东西。结果造就出某种类型的专家,他们在本能上是感伤的,在意识上则是彻头彻尾的现实主义者。比如,他们老说尼赫鲁的理想主义很"天真""不现实"。这些被眼泪与叹息滋养的灵魂啊,他们把理想主义和无慈悲的权力政治的现实摆在一起，既不能贯彻自己的观点，又不能想象出不感伤的理想主义。

然而，不感伤的理想主义，实际上是有的，而且，它是能对未来做出预测的。所谓对未来做出预测，就是从既有事实中寻找一个具有一定方向的潮流。这个操作只靠搜集事实层面的信息是无法完成的，还需要从精神层面积极地推动事实的积累。这种从精神层面对现实进行积极的推动，才是原本意义上的理想主义，它和感伤主义没有任何关系。没有理想主义，就没有现实主义。没有理想主义，可能会有的顶多就是在没有大的预测的那种小聪明上的讨价还价而已。

我并不是说让大家去看尼赫鲁。但是，跟最近的国际政治相关的就是印度政府和日本政府所扮演的角色之间存在着差异——这是全世界对两个国家的印象。只要事情跟我自己国家的政府有关，我就想知道造成全世界不同印象的原因在哪里，仅此而已。是谁把日本变成了"东洋的孤儿"？是什么让日本变成了这个样子？——在眼泪与叹息的小调旋律中，我们还会相信这也能够解决吗？抑或在不再思前顾后的曼波舞步里？

接下来会发生的事

一般认为,第二次世界大战之后的世界局势经历了三个时期的发展。第一个时期是印度、中国以及包括所谓的科伦坡会议诸国在内的战前的殖民地还有半殖民地独立的时期。第二个时期是所谓的"冷战"以及随之而来的美国影响力变大的时期。第三个时期则刚刚开始,是和平共处与国际性紧张局势缓和的时期。

从年代上来说,从日本无条件投降到朝鲜战争爆发之前是第一个时期,从朝鲜战争爆发到日内瓦四巨头会谈之前是第二个时期,日内瓦会谈之后大概是第三个时期。不过,在这种情况下,以哪里为分界线并不是特别重要,重要的是,当时对总体世界局势造成最大影响的中心问题大概有三个,分别在这三个时期接连出现。因为只有站在这个角度看问题,才能对接下来会发生的事做一个预测,预测一下现在以和平共处为中心发展的世界局势,到了下一个时期,也就是第四个时期的时候,会以什么为中心发展下去。而且,先说结论,从某种意义上看,第四个时期就是第一个时期的继续。如果说第一个时期主要是亚洲的民族独立时期，那么第四个时期主要就是民族独立在非洲继续的时期。第二个时期的"冷战"，必须用现在第三个时期的和平共处原则去加以解决。第一个时期殖民地以及半殖民地民族独立的过程，必须扩大到第四个时期才能完结。

不过，当然，日内瓦会谈之后的第三个时期才刚刚开始，不知道接下来会怎样。今后"冷战"还会出现比较大的起伏。毋庸赘言，它会对下一个中心问题产生强烈影响。但必须强调的一点是，这个影响不会改变问题的根本性质。另外，还会有这样的情况，那就是"冷战"走向缓和。也就是，如果说形成和平共处氛围的最大原因之一是对于两大集团而言核武器的破坏力过于强大的话，那么，随着技术的进步，核武器的破坏力会变得更加强大，数年之后，就再也没有任何理由做出和平共处会遭到破坏的那种预测了。而且，和平共处的氛围不仅来自对核武器的恐惧，同时还来自对两大集团而言的经济上的一种必要，以及国际层面上以中立国发言为代表的世界的舆论。即便今后数年继续发展下去的话，这样的条件大概也是不会变弱的。因此，即便今后强国之间的外交谈判有起伏，那些认为和平共处原则会被打破，不久的将来"冷战"会变得更加激烈的看法，它们所依据的理由也会变得很薄弱。和平共处会经历非常多的起伏，这种局面恐怕还会持续很长时间。而且，如果和平共处的局面一直持续下去的话，下一个问题就会浮出水面。那就是我说的第四个时期，主要是以非洲、近东和亚洲的一部分地区为舞台展开的民族运动成为左右世界局势决定性原因的时期。在"冷战"最激烈的第二个时期，就连日本这种小国的政治家头脑里都装满了"美苏对立"的观点。经过利用和平共处原则进行善后清理的时期，到第四个时期的时候，旧殖民地、半殖民地的民族主义应该对所有的国际性问题都会产生强烈的影响。因此，比如联合国的性质，大概也会发生很大的变化，还有，与此相关的国际性力量的均衡也会发生变化。

作为日本国民，我们也要对这些方面的问题提前做出预测。为什么呢？因为迄今为止从来没有一个例子能证明，那个为国民谋幸福而忙于国内问题的政府，曾经对国际局势接下来会发生的事做出过明确的预测。

政府发动了战争，却对战争本身做出了错误的预测。战后的政府就只反映了整个国家的虚脱状态，哪里顾得上对接下来会发生的事做什么预测。在此期间，亚洲民族运动的大规模展开、印度的独立、中国的实质性统一等进程都在持续推进，并告一段落。当时，英国接受印度独立，承认"中国共产党"政府，证明它理解了正在发生的各种事情的意义。不过，法国和美国，分别在法印问题和援助蒋介石上遭遇失败，这暴露出它们对亚洲现状的不理解。然而，尚未在国际舞台上出场的日本政府，甚至都没有表现出对这些动向的理解或不理解都会成为问题的那种程度的关心。

第二个时期的"冷战"开始之后，世界上出现了杜勒斯[①]，日本则出现了吉田茂[②]。眼前正在发生的"冷战"，吉田还是知道的，也就是说，他知道的事情，谁都知道。他不知道的是背后的动向，是为终将到来的第三个时期做准备的动向。但是，吉田不知道的事情——或者说，吉田没有足够的能力进行充分评价的事情，绝对不会是"冷战"最激烈的时候谁都不知道的事情。在欧洲，尤其是在英、法两国，实际上有很多人都知道这些事情。还有，尼赫鲁不但知道这些事情，甚至还公然顺着这条线发言、采取行动。（如果罢免麦克阿瑟将军让吉田政府感到震惊的话，那么，即便就只拿这一件事来看，也无人不为日本政府在国际形势判断上的幼稚而感到震惊。）一方面，"冷战"的代表在高谈"倒行逆施"的政策，不断地暗示要用原子弹进行"报复"。另一方面，还有另外一个声音在呼吁和平共处，呼吁通过谈判解决问题。第二个时期，即"冷战"时期，前一个声音在发出巨大的声响，究竟谁才有能力正确地分析现实，预测接下来会发生的事情，即日内瓦会议之后的形势？还有，关于形势判断本身，日本政府究竟加入了哪一方的判断？吉田也许是一个爱国者，他的治世也许太长了，性格也许太顽固了。但是，吉田政府倒台的原因不是这些，要而言之，

[①] 杜勒斯（1888—1959），美国政治家，曾任国务卿，推行极端反共外交政策。
[②] 吉田茂（1878—1967），日本外交官、政治家，曾任外务大臣、农林大臣、内阁总理大臣等职。

是因为"冷战"走向缓和。变得不受欢迎的，本来就不是吉田，而是国内外"冷战"的代言人。吉田只不过是其中的一个小人物而已。"冷战"缓和之后，他没有对接下来的走向做出预测。如此想来，对于日本的总理大臣来说，像闭口不谈国际形势的"复杂奇怪"，丢下内阁不管那种事情，并不缺少先例。

这个世界上，既有和平共处的想法，也有相伴而生的当地的运动，把二者合在一起，认为它们是共产党的策略——这种想法是幼稚的，而且它最终是无法解决问题的。当所有人都渐渐地看清楚这一点的时候，鸠山内阁成立了。谁都能看清楚的事情，政府却是好不容易才弄明白。但是，到目前为止，还没有出现任何的征兆表明政府对那些接下来会出现的问题有一个明确的预测。（比如，在万隆会议上，日本代表扮演了什么样的角色？简而言之，那几乎就是个零。）

然而，正如在"冷战"最激烈的时候有朝向和平共处的底流，在和平共处与紧张的国际形势趋于缓和的时代，也会爆发以下的问题。在非洲，在近东，在亚洲以及南非的一部分地区，爆发了你能想到的各种形式的民族运动。——问题是一旦把注意力转向那边的话，就不能是片段式的，必须把它作为一个整体提出，并给予它应有的意义。

在所谓的殖民地，还有半殖民地，在那些现在正在发生的民族运动和民族主义当中，实际上有多种要素在发挥着作用。比如，第一种要素，外部对它施加的政治性权力，还有居住在当地的殖民者。第二种要素，当地民族方面的国民主义感情本身，要求进行宗教和社会改革的动向，还有社会性结构和经济性条件的性质。第三种要素，人种问题等。而且，民族运动因地域不同而表现出不同的样态，主要可根据所涉及的支配权力的性质进行分类，也可以根据殖民者的数量和态度进行分类，还可分别以第二、第三种要素为基准进行分类。为了对事态进行细致分析，必须要做这样的分类，而且，这还有可能引发其他无数有意思的观察。日耳曼尼亚民族主义反抗罗马帝国主义的时候，塔西佗没有放过这个机会，他利用了那些对史家来说非常难得的材料。对于现在的德国人来说，塔西佗的《日耳曼尼亚志》依旧是关于他们文化的最优秀的著作之一。塔西佗不只记述了有意思的事实，甚至还从中提取出了对罗马而言的教训。今天，我们大概不能从我们眼前正在发生的事态中提取出任何东西了吧。我来举几个例子。

比如，现在在不同的地方同时出现了以下三种情况，即来自殖民帝国一方的权力与当地的民族运动相比具有压倒性的优势、劣势或旗鼓相当。英属果阿是一个殖民权力处于优势的地方，总选举之后就宣布停止法律的效力。它跟塞浦路斯的情况也有相似之处。塞浦路斯那些谋求与希腊合并的民族主义者，和从军事上的必要性出发主张英国占领的总督之间形成了对立。果阿的情况正好相反，殖民帝国葡萄牙早就没有力量继续坚持拒绝印度提出的合并果阿的要求。在法属印度支那和法属北非可以看到那种力量上旗鼓相当的情况，也就是殖民地的力量关系不存在单方面倾斜的情况。而且，从某种意义上看，现在的那种情况主要是因为在法属国家长期存在着激烈的纷争。而且，不仅是强国的权力和民族运动之间的冲突，还有其他大国直接介入其中，在这三个要素之间造成复杂的争端。伊朗和英国，伊朗的石油公司之间的问题就是其中的一个例子，法属印度支那的民族主义者，和法国、美国的军事顾问之间的关系则是另一个更为复杂的例子。

此外，现在的世界局势提供了几乎所有类型的殖民者（的集团）在殖民地问题上所扮演的决定性角色的样本。比如，当本国政府及舆论，和掌握当地政治权力的殖民者在政策上存在不同意见的时候，对于殖民地和本国这两方来说，都有可能造成极为复杂的、重大的后果。突尼斯的殖民者数量远比摩洛哥要少得多，400万的总人口中只有25000人而已。这一点直接影响到突尼斯和摩洛哥的民族运动方式。还有，如果殖民者一直掌握权力，而殖民地却成了独立国家，那就会像南非联邦那样，对现在居民的镇压政策反而会变得更加严厉。他们不能像普通的殖民者那样，到了万不得已的时候能够带着事先攒好的钱回国去。因为原来的祖国，对他们来说早就已经是外国了。曾有个南非联邦国籍的欧洲人对我说："无家可归，没有退路，这种想法让白人殖民者强硬到超出必要的程度。"那个时候，阿兰博士还没有当上首相。我是第一次从那个人口中详细地听到了关于这个国家令人无语的人种偏见。但是，人种的对立并不一定只发生在欧洲人和当地人之间，也有可能发生在当地人和当地人之间。比如，摩洛哥的阿拉伯人和柏柏尔人之间的对立就是一个例子。这种情况下，谁会利用这种对立，事到如今，也是毋庸赘言的事情了。

另外，尤其在非洲，宗教在殖民地问题上也扮演着重要角色。比如，英属肯尼亚的茅茅恐怖主义运动，与其说是直接受到民族主义的鼓舞，不如说是受到了原始魔术的推动。原始宗教在摩洛哥终归不是个问题，众所周知，对民族主义者造成强烈刺激的是伊斯兰教宗教首领苏丹的退位。但是，比如在法属印度支那，宗教在民族运动中并不扮演什么重要的角色。从和宗教之间的关联性来看，即便是同样的恐怖主义，肯尼亚、摩洛哥和法属印度支那，这三个地方分别表现出完全不同的特点。*

不过，造成不同地域民族运动存在差别的最重要的要素，毋庸赘言，就是各个殖民地，还有半殖民地的社会结构和经济条件。而且，殖民地的经济条件跟本国的经济条件也有关联。比如，本国没有从经济上控制殖民地的力量，那么，本国殖民地开放的时候，它与外国资本和商品之间的竞争就会比较困难，在这种情况下，要实行给予殖民地以政治上的独立性，把经济关系放在公平的条件下等计划，应该也是很困难的。于是，殖民者就会去镇压民族运动，通过政治施压把自己单方获利的经济条件强加给对方。当某国的殖民地政策比较强硬，尤其是因为看不到前景

---

* 作者个人观点。一般认为"茅茅运动"等民族运动多为正面形象。——编者

而过度强硬的时候,也就不难想象到这种理由。另外,过去以及现在的民族运动,尽管它们之间或多或少有些差别,但那不单单是独立运动,它的社会改革的内容也因各自国情而有所不同。笼统地说,比如,中国的目标是社会主义,印度的目标是资本主义,埃及的目标是朝着国家社会主义方向提高生产力和实现国家的"现代化"。同样是法属北非,民主主义者的目标之间也存在着相当大的不同。

不过,不得不说在所有这些民族运动中都有一个共通的、在所有场合都具有决定性意义的要素,通常就是旧殖民地或半殖民地大众的国民性自觉。在从科伦坡会议到万隆会议期间的大型运动中,贯穿始终的就是反殖民主义,这也是所有亚非国家的共同愿望。——我想起1953年夏天的柏林。那时,齐聚柏林联邦议会议事堂的,是除了所谓"铁幕"另一边的国家之外的,几乎来自世界上所有国家的议员。从性质上看,这次会议似乎不必做出什么特别的决议,从形式上看,好像是谁都能畅所欲言。在这样一个地方,亚洲各国的代表陆续走上讲坛,接连不断地斥责殖民主义。那场面可真是蔚为壮观。所谓的欧洲方面的大国,都不敢应答,也没有反驳,等到他们上台的时候,每个人都只会说些抽象的场面话。两者之间的对照已经鲜明到过于鲜明的程度。如果有心倾听的话,那时就能听到会场内已经充满了即将到来的万隆会议的先声。

不过,要了解大众的心声,就必须要侧耳倾听。要对政治问题做出判断，不应从分析领导人开始，反倒应该从分析大众的情感入手——事先必须要有这样的想法才行。理解民族运动，和有这样的想法，两者实际上几乎就是同义语。

"要是斯大林死了的话"——有此想法，万事皆误。就算斯大林死了，社会主义国家也不会像预测的那样解体，原因并不是预测不准确。就算社会主义国家因为其他原因解体，也不会因为一个国民的死亡而解体。问题不在于预测准还是不准，而是"要是斯大林死了的话"这个想法本身就是一个完全非现实性的东西。而且，亚非的民族运动越是浮出水面，这种想法本身的非现实性就会越来越清晰地暴露出来。因为民族运动不是政治家之间交易的问题，从本质上看，它本身就是大众情感的问题。比如，在中国，再没有比认为是毛泽东和蒋介石在打仗更愚蠢的想法了。这种事情从来就没发生过。那只不过是想要政府为自己服务的大众和腐败的官僚机构在打仗而已。因此，在中国，有蒋介石那样的人，有来自外国的援助资金，有现代化武器，有"技术型参谋"，即便如此，这所有的一切也没有为改变结果而发挥出任何的作用。而且，这些东西将来也不可能在其他任何地方发挥作用。——这一点，再怎么强调也不过分。当和平共处之后出现的下一个问题作为世界形势的中心问题出现的时候，避免万事看起来都"复杂奇怪"的方法只有一个，那就是正确地理解它，除此之外，别无其他。这个世界充满了意想不到的事件，但它不会朝着意想不到的方向发展。

无条件投降与八头身

1

日本军队在太平洋战争中战败,无条件投降的时候,国民在感情上并没有投降。即便有"无条件投降"这个说法以及它所对应的事实,却还是出现了"终战"这个奇特的新造词。可以说,这反映了当时的情况。如此想来,要说除了日本的军队和政府,连国民在感情上也基本投降了的话,那就要从战后过了一段时间,一个日本姑娘远渡太平洋,在美利坚合众国的某个地方参加选美大赛并漂亮地获得三等奖算起。国民在感情上也投降了——这种说法也许有些过分。不过,比起"无条件投降"这个说法,占国民半数的妇女,其中的大多数都陷入了另外一种难以言说的状态——那就是有名的八头身的故事。

诚然,日本妇女在国际选美大赛上获得了三等奖。如果按照国际标准,日本妇女是美丽的,那么,按照不问事由,只要是

"国际的"就高兴的国民性来看的话，我们就没什么理由不高兴。然而，获得三等奖的这位姑娘，在日本女性当中是一个例外。而且，从两层意思上来看，她都是一个例外。一层意思是，反正那些在选美大赛上获奖的美人，不管拿的是几等奖，放到哪个国家，她都是个例外。另一层意思是，她的体格跟大部分美国电影女明星相似，跟百分之九十九的日本女性完全不像，那她就是日本女性中的一个例外。八头身的问题就很好地反映了这一点。八头身在日本是个例外，但日本却产生了"八头身美人"这个说法。毋庸赘言，美国没有这种说法。因为美国女性的身体差不多都是这种比例，在美国说"八头身美人"，那就跟说"两眼珠美人"一样，根本就没什么意义。

于是乎，一旦美国选美大赛把八头身当作美女的条件之一，那么，至少从这个条件来看，几乎所有的美国妇女都有资格，但几乎所有的日本妇女都没有资格。毫无疑问，再没有比这更理所当然的事情了。因为选美大赛是在美国、按美国的标准举行的，并不是在日本、按日本的标准举行。我不知道都有哪些国籍的美女参加选美大赛，但它的标准不是国际性的。很大程度上，它是国民性的，它是美国的国民性的标准。这位漂亮地赢得了三等奖的日本姑娘，她的美并不是国际标准上的美，而是美国标准上的美。简单地说，所谓的"八头身美人"，只不过是在全国范围内找一个跟美国女性相似的日本女性，这也不算什么例外。事情就是这样，也没什么好坏之说。可是，一旦形成某种风潮，"像那传染病一般蔓延",认为日本妇女越像美国妇女就越美,然后,付出所有努力,想尽各种办法去把自己变得更像美国妇女,而这努力当中又包含着瞒人眼目的欺诈术的话,那么,它对整个国民感情造成的影响,堪比军队的投降。

首先,打完仗,军队就成了无用之物。而且,除了战胜两个业已崩溃的帝国(清帝国和俄罗斯帝国)之外,日本军队就从来没打败过任何一支血气方刚的外国军队。本来,日本国民的才能与其说是在军事方面,不如说是在工艺美术方面。在军事方面输给了美利坚合众国,但在国民感情上却不投降,这反倒在情理之中。不过,要说女人的美,和非一流的陆海军战败之间的关系,那它们从一开始就不是一回事。这才触及了国民感情的根本之处——特洛伊战争不就是为了一个女人吗?——左右国民的自豪感。当日本女性向美国女性投降,并开始模仿她们的时候,就开始了真正的无条件投降。恐怕不仅限于女性,但凡跟美的标准有关,甚至都可以说,迄今为止日本已经创造了如此多美丽的东西,相比之下,美国还什么都没创造出来。

在政治、经济、军事和技术领域,日本现在只不过是美国的卫星国。不过,正如过去的诗人所吟诵的,"美的东西是永远的欢愉"——如果想在美的领域实现国家独立的话,大家会觉得看起来似乎是有希望的。但就在这个至关重要的领域,那个八头身姑娘的成功仿佛是一个最终开城投降的契机。如果让泰西15世纪的那位诗人维荣来写今天的日本,他大概会再次创作出"往昔美人的队列"，追慕从小野小町①到歌麿②的女人等诸多日本美人的容颜，说一句："然而去年的雪，如今在何处？"

美女没有国际性标准。不但地方一变品质就变，而且，判断品质的标准本身也会发生变化。它不单是因地而异，即便在同一个地方，美女的类型也会因时代而不同，就算在同一个时代，它也会因个人而不同，还有可能因个人所属的阶级而不同。美国某个乡下小镇的选美大赛的标准，就是一个乡下小镇的标准，只要换个时间、换个地方，全世界不到处都有比这更好的美女的标准吗？——我不由得想，至少保持怀疑态度是一种常识。我们必须从历史角度思考问题。从体格来看，流行的是八头身。也就是说，脑袋的形状越小越好。然而，从脑袋的作用来看，流行的是从历史角度思考问题。讨论美女，涉及八头身的时候，要把美女标准的历史性变迁也考虑在内。而且，真正从辩证法角度去理解历史的时候，首先就要把美女是不是上层建筑这个大问题给搞清楚！

2

法国文豪让-里夏尔·布洛克曾说过：

---

① 小野小町，生卒年不详，日本平安时代歌人，六歌仙、三十六歌仙之一。日本将其与中国的杨贵妃和埃及的克里奥佩特拉并称为世界三大美人。《古今和歌集》收录其多首和歌，传世歌集有《小町集》。
② 指喜多川歌麿（1753—1806），日本江户时代浮世绘画师。擅长美人画，代表作有《妇女人相十品》《宽政三美人》等。

> 18世纪是胸的世纪，19世纪是腰的世纪，20世纪是脚的世纪。似乎有一种理想和时代一起下降的趋势。说句题外话，总是缺了脑袋这一点很耐人寻味。……

18世纪，英法两国都流行美人画。英国先按下不表，我们来看一下当时法国的美人画。——当然，那是在大革命之前，是在巴黎人民攻破巴士底狱，解放政治犯，打倒绝对王权，在（150年后的现在，跟战败一起传到我国的）《人权宣言》基础上建立民主主义政府的法国称其为革命纪念日（这个日子在日本有一个广为人知的愚蠢的名字，叫作"巴黎祭"）之前的事情。——不论是无数描绘风俗的铜版画，还是署名布歇、弗拉戈纳尔、华托的油画，很多作品中都出现了袒露的胸膛和白皙丰满的乳房。也就是说，18世纪是"胸的世纪"，要具备美女的资格首先就要有丰满的胸部。不过，到了19世纪，情况发生了变化，比如，从雷诺阿的浴女可以看到魅力的中心从丰满的胸部转移到了丰硕的腰部。而且，最后，当著名女演员为双脚投了数万美元保险的时代到来时，就进入了"脚的世纪"。——让-里夏尔·布洛克写这段话的时间是在两次世界大战之间，大概是马琳·黛德丽最红的时期。玛丽莲·梦露大概还没登上舞台。第二次世界大战之后，20世纪进入后半叶，有迹象表明情况再次发生了变化，如果说前半期是"脚的时代"，那后半期大概又回到了"胸的时代"。因为理想下降到脚的话，就没有再多可降的，除了重新回到起点，别无他法。

同在法国，或者再宽泛一点，同在西洋，美女的标准也会因时代不同而发生巨大的变化。在意大利文艺复兴的最盛期——西欧大概从没在如此短的时间，如此狭小的地域内，创造出如此丰富的美——当时，不论是波提切利的维纳斯，提香的玛利亚，还是丁托莱托的丽达，都是那么骨肉匀称。相比之下，迪奥的模特们甚至可以说是皮包骨头，美国大部分的电影女明星也跟她们一样。西洋风格美女的典型发生了变化。为了寻找这种变化的最终结果，就去裁缝店的橱窗或去看电影的小房子——这可不是什么太机灵的故事。每当我看到那些致力于减肥，甚至去吃药、绝食的可怜的少女——这种情况不仅限于日本——我总会想，没有教养是多么悲哀。如果她把看十次电影杂志的时间用来看一次画集，只要看一名提香画里的美女，也许就会转祸为福了。

然而，要想知道东西方的价值、风俗、习惯、道德和宗教等的相对性，了解历史是其中的一个方法，还有一个方法就是去旅行。詹姆斯·乔治·弗雷泽经过漫长的旅行，写作了大量的书籍，其中，《金枝》对于原始社会研究而言是最为重要的根本性资料。涂尔干使用这些资料得出的一个结论是，批判哲学所谓的先验性范畴并不适用于所有的人类，只有在特定的文明社会的框架内，它才具有普遍性。原始社会的情况则完全不同！如果先验这个范畴已经不是普遍的、妥当的了，为什么美的判断基准还是普遍的、妥当的呢？也就是说，姑娘们各美其美，却要挑出最美的那个——根据涂尔干的说法，或日本的流行插画师，或美利坚合众国的新闻记者，或非洲西海岸的部落酋长，不同的人做裁判，结果会全然不同。不论在镰仓海岸，还是在洛杉矶，或是在象牙海岸，都没有长得同样美丽的姑娘。甚至都不用等弗雷泽和涂尔干，只要去旅行，谁都会明白"百闻不如一见"的道理。

幸运的是，如今交通设施发达，只要有若干财力，且我们的政府尊重旅行、居住的自由等基本人权，不拖延发放护照的话——但申请护照必须要明确"旅行目的"，这种情况下，读者的旅行目的，目前就是"研究有关地域社会的价值，尤其是美的价值的相对性"——我们就可以花两天时间去，比如，欧洲。那时，我们就可以用自己的眼睛，大概在三天时间里，观察到东京的人为了成为美女而努力把头发颜色变浅，而在大部分人的头发都是亮色的欧洲的某个地方，黑头发却是罕见的美女的标志，并因此而备受称颂。不用说，结果肯定是，对改变头发颜色的努力完全失去了兴趣。不仅限于头发的颜色，皮肤的颜色也是一样。在大部分人的皮肤都是黄色的地方，肤色越白就越美，而在大部分人的皮肤都是白色的地方，琥珀色皮肤的魅力则更受瞩目。以前的流行歌曲里不也有这样的歌词吗？"肤色虽黑，在南洋却是个美人……"——说的就是这个意思。一方面，看习惯的东西就觉得美，另一方面，物以稀为贵的原则在某种程度上也适用于美女的标准——不过如此而已。歌麿笔下的女人都是细长的眼睛。雷诺阿笔下的女人都是圆溜溜、水灵灵、闪闪发光的眼睛。为什么不是歌麿，而是雷诺阿呢？难道有必要给歌麿式的眼睛里滴点阿托品来放大瞳孔吗？——（说句题外话，阿托品是副交感神经麻醉剂。副交感神经受到刺激后，瞳孔括约肌会收缩，因此，往眼睛里滴阿托品的话，瞳孔就会放大，给人一种眼睛变大了的感觉。药物让眼睛看上去又大又漂亮的原因，总的来说，大概就是阿托品对副交感神经的麻醉作用而已。）

但是，美女的资格本来就不只限于人类学、解剖学方面的条件。头发的颜色、皮肤的颜色，也就是组织的色素沉着程度、八头身或几头身等骨骼结构，还有像脂肪代谢那种生理学方面的诸多条件——不就是这些东西在决定着女性的美吗？社会上说"理智型女性"，这很重要。文部省还说"培养情操"，那也很重要。八头身本来是解剖学方面的问题，再说得宽泛点，顶多也就是人类学涉及的领域，可一旦要说到理智，说到情操，那对美女的赞美就不得不涉及社会学的领域。如此一来，某个很出名的观点就有问题了，这个观点认为不存在一般意义上的理智和情操那样的东西，只有阶级意义上的理智和阶级意义上的情操。对这个观点，我感到它有某些方面的真实，是在巴黎。因为我第一次在那里看到了布尔乔亚（女子的话，就是布尔乔瓦斯）的面目。

我先说明一下，并不是在东京我没见过布尔乔亚，只不过是在东京时我没有机会一次见到如此之多，一眼看去就是有着百分百的布尔乔亚国民相貌特征的面庞排列在一起。尽管依旧带着封建的、还有前现代的要素，日本在战前就已经进入了垄断资本主义阶段,即东京应该也有带着布尔乔亚性质的东西。

但是,东京没有那些大量聚集,可让人朝着来往的人群并排坐在一起的巴黎咖啡厅的阳台这样的东西。就算有那样的东西,想来东京的布尔乔亚们好像还没有自己阶级固有的相貌。那帮家伙的相貌跟社会大哥的相貌没有任何差别。但是,在巴黎,相貌和表情因阶级而全然不同。比如,经过布尔乔亚聚集的歌剧院旁边的咖啡厅门前时,坐在那儿的那帮家伙,跟大众型的共和国广场的那帮家伙,看上去都不像是同一个民族、同一个国家的人。伦敦没有像巴黎那样的咖啡厅,所以走在路上还没那么明显,但实际情况跟巴黎并没什么两样。

但在英国,女王是一个例外。我不是保皇党。英国女王并没有独占首都正中央的那块土地,那里大到无法形容,让人觉得要是建个公园该多好。而且,她没有说一口奇怪的英语,当然也不是不会用国语说话,众所周知,她会说一口漂亮的标准语(当然,我只听过她的演讲)。而且,最重要的一点是,她是一个大众型的美女——即便判断结果因人而异,至少她的脸是大众型的。与其说那是出现在西区剧院身穿皮草的女人的脸,不如说是肯定能在 ABC 或雄狮等大众自助餐厅里见到的一两个美女的类型。因此——但也不能一言以蔽之——她在粉丝中很受欢迎。于是乎,大英帝国的女王,至少在风貌上,似乎有超越阶级的地方。

但是,一般来说,美女的类型也会因阶级而异——这一点在英、法这两个发达资本主义国家体现得要比日本更加显著。

也就是说，美女的标准，因时间、地点、阶级而异。再打个比方，就好比是文学作品的好坏一样。如果把文学作品叫作上层建筑的话，那么，以八头身为首的美女的标准也是上层建筑，这里就不得不如实再现那些把文学作品看作上层建筑所带来的复杂问题。美女因时间、地点、阶级而异，所以她还会以某种形式跟生产力的发展联系起来，但同时既有"美的东西是永远的欢愉"的一面，又有可能出现超越时间、地点和阶级的一面。

3

不过，我大概说了太多西洋的事情，也可能说了太多日本过去的事情。读者也许会问：那现在的日本，我们生活的这个社会又是怎样的呢？我们的问题不是雷诺阿，也不是歌麿，而是隔壁的某人。我也这么认为。但那完全就是个人的问题。A笑的时候很美，那是因为我对A有点着迷。B哭也好笑也好，怎么看都不美，那是因为我个人对B不感兴趣。如果从第三者的客观角度来看的话，A也好，B也好，都不是特别美，也不是特别丑，大致情况都是这样的吧。因为目前身边除了这些也没什么其他的了。你从你恋人的眼睛里，我在我恋人的某个瞬间的表情中，读到了那种"永恒的女性特质"的、充盈满溢的温柔感情和无限希望，或是绝望的无尽之泉——那是用八头身这种粗糙的标准无论如何也测量不到的东西。因为那是你的或是我的恋人才有的东西，那是我们自己的人生不可或缺的东西。从这层意思上看，那是具有绝对性价值的东西。但是，在别人看来，那不过是司空见惯的东西，从这层意思上看，那只是具有相对性价值的东西。不过，比如，八头身这样的标准就是努力要把这种主观性的东西进行客观化的一种表现。可以说，这种努力的表现最为幼稚的地方可能就是八头身，而最下功夫的地方就是美人画。聊到美女这个话题，让我向外界表达主观感情，说说自己喜欢谁的话——也就是给杂志写文章——那我只要不满足于八头身，就怎么都会向着美人画而去。也就是说，要么聊歌麿，要么聊雷诺阿。如果我不提现在的日本，那并不仅是因为顾虑到不便之处，也是考虑到现代日本看不到美人画的兴盛这一事实。但这里无暇细说此事，因为一说就会离开美女这个话题，变成文化本身的问题。回到美女的话题，美丽妇女的存在就像是美味，聊什么都比不过实物。就连这个辉煌的领域，我国传统中有关"头"的内容也实在太少，以至于要去模仿外国，都希望有个小头型——我觉得这股风潮稍显滑稽。

后　记

这本书是我结束一段漫长的旅行回到日本后的第一年，也就是1955年春到1956年春那段时间里为各家杂志所写文章的合集。

我首先考虑的是如实观察日本文化的整体，然后从中寻找希望，不管它是多么微小。（这些想法在旅途中产生，成了本书开头的两篇文章。）

其次，我在理解和把握自己看到的具体问题时，哪怕是教育、文学，还有习俗等方面的问题，我也会从它们和文化整体的关联性的角度进行观察。紧接在本书开头文化论之后的就是这部分内容。

我的结论是，对我们来说，并没有什么特别大的希望。——这句话的意思是，不试着去做就不知道结果，而不同的做法会给日本文化的发展带来希望。我写这本书里所有文章的目的就是要对这个做法给出一个我自己的推测。我希望把这本书当作一个分界线，用类似这里说的推测，继续做一些朴实的、实质性的工作。

译后记

1956年9月，日本讲谈社出版了初版《杂交种文化》，副标题为"日本的小希望"，收录加藤周一发表于1955年至1956年的论文共12篇。1974年9月，讲谈社出版文库本《杂交种文化》时，加藤周一撤掉了1956年版的3篇论文——《私文学论》《信州旅行日记——英语教育的问题》和《再论英语教育的问题》，换成了另外2篇，即《日本人的外国观》和《日本人的世界观》，新版收录论文共11篇。之后各家出版社在出版加藤周一作品集，如《加藤周一著作集》（共15卷，别卷1卷，后又增刊，共24卷，平凡社，1979—1980年、1997年、2010年）、《加藤周一选集》（共5卷，平凡社，2003年）和《加藤周一自选集》（共10卷，岩波书店，2010年）时，都会依据不同的选编标准对上述论文进行收录，但1974年版讲谈社文库本《杂交种文化》始终是学界公认的、全面反映加藤周一"杂交种文化"论思想的权威版本。本书即以此为底本译出。

译后记

1950年代，加藤周一提出"杂交种文化"论有着特殊的历史语境。一方面，此时的日本度过了战败后极度贫困的时期，社会经济逐渐复苏，民族自信心增强，开始重新走上国际舞台；另一方面，美国文化在日本的影响力日渐显现，激发了日本知识界在文化身份认同上的危机意识。如何重新认识并定义日本人、日本文化？这是日本普通国民重建战后价值体系、恢复民族自信的当务之急，也是经历过军国主义时代的日本知识分子不可回避的历史课题。在此背景之下，加藤周一提出日本文化具有杂交种性的观点，呼吁日本人接受这一现实，并从杂交种文化当中寻找积极意义，因为他认为这才是日本文化的希望所在。这一观点在当时就引发了日本社会各界的热议，尤其是加藤在论证时从比较文化学视角切入，主张英法文化属于纯种文化、日本文化是杂交种文化的做法遭到了知识界的强烈质疑。面对种种质疑，加藤周一强调自己"杂交种文化"论的研究对象是1868年明治维新之后的现代日本文化，而作为参照系的其他文化也仅限于英法文化，因此他的结论并不具有普遍性。另一方面，他积极拓展研究对象，从1960年代起，陆续将德国文化和中国文化纳入研究视野，并耗费十年心血，撰写巨著《日本文学史序说》（上下卷，筑摩书房，1975—1980年），以日本文学史为论据，对日本文化自古至今都具有杂交种性这个观点进行了全面深入的论证。1980年，该书获大佛次郎奖，至今已被翻译为8种外语，是日本学者撰写的日本文学通史中最具影响力的一部。

加藤周一之所以能够在1950年代提出"杂交种文化"论，与他的成长背景、知识学养和欧洲游学经历有着密不可分的关系。1919年9月19日，加藤周一出生于日本东京的一个医生家庭。父亲加藤信一毕业于东京帝国大学医学部，在家开了一个诊所，所以加藤周一从小就很熟悉医院和医生的工作。1940年，他也考上了东京帝国大学医学部，专攻内科学和血液学。1945年8月6日，美军在广岛投下原子弹，10月，美军组建"原子弹爆炸日美联合调查团"前往广岛，日方成员由三名医生组成，其中一名就是当时就读于东京帝国大学医学部的医学生加藤周一。他在广岛的工作主要就是通过观察原爆症患者的血液和骨髓涂片，确定核辐射对人类造血组织造成的破坏程度。在广岛原子弹爆炸调查报告的基础之上，加藤周一完成了自己的博士学位论文《关于大剂量X线照射对小白鼠造血器官影响的病理组织学研究》，并于1950年获得东京大学医学博士学位。可以说，家庭熏陶和医学专业训练培养了他看待事物的思维方式，即"在准确的事实基础之上做出可能范围内的所有结论，对无法验证的所有判断都持有怀疑态度"（加藤周一《羊之歌：我的回想》，岩波书店，1968年）。这种实验科学领域的思维方式反映在他观察社会文化的立场上，就是"不进到某个社会当中，而是从外部环视、俯瞰众生"的、只"作壁上观"的态度。（参见本书《关于作壁上观》一文）

　　这种"局外人"式的思维方式和观察视角让他这个中学生在

战争期间做出了日本必败的准确预测，但从1951年到1954年这三年多的西洋游历又让他认识到作壁上观的内在矛盾。当他第一次从外部观察日本社会时，很快就发现作壁上观虽然带来了判断上的便利，但也存在着活动上的局限。他开始反思自己在战争期间形成的对日本文化和西洋文化的看法，发现其中存在很多偏见。他意识到"我在西方的生活改变了我对西方文化的看法，这同时也就意味着我对日本文化的看法也会发生变化"。他对自己长期思考的问题做了新的诠释，认为"现代日本的文化是古来就有的良风美俗和源自西方的学问、文艺、技术的混合体，已经无法纯化为其中的任何一种，而且也没有这个必要"。根据加藤的回忆，有关"杂交种文化"论的思想大概形成于1950年代，他在巴黎留学期间和一位来自布列塔尼亚地区的法国青年就日法文学展开的一场辩论。加藤发现这位哲学系的学生跟他的母语及其古典之间有一条准确无误的纽带，他的文学修养以本国历史为轴，纵向发展，是深厚的。而加藤自己跟日语及其古典之间却没有建立这样的关系，他认为自己的文学修养横向扩展，是国际化的，但又是肤浅的。加藤周一把横向扩展的那种修养称作"杂交种"，把纵深绵延的那种修养叫作"纯种"，他认为现代日本人已经没有能力在两者之间做出自由选择，只能从"杂交种"这一类型当中去寻找积极的意义。（加藤周一《续 羊之歌：我的回想》，岩波书店，1968年）

在这些经验和思考的基础之上，加藤周一提出了"日本文化杂交种性"的观点,并在质疑声中继续思考日本人和日本文化所面临的现代化困境。《不为人知的日本——街道和庭园和精神》(社会思想研究会出版部,1957年)、《日本的内与外》(文艺春秋社,1969年)、《日本文学史序说》、《何谓日本人》(讲谈社、1976年)等专著的陆续出版,反映出加藤周一在日本文化研究上的思想变化以及自我省思。从1956年出版第一部日本文化研究专著《杂交种文化》,到去世前一年出版最后一部集大成之作《日本文化中的时间与空间》(岩波书店,2007年),加藤周一终其一生都没有停止过对日本文化的思考和批评。

加藤周一的思想通过多语种译本传播到世界各地,其中影响最大的就是他在1950年代提出的杂交种文化理论。而在各语种译本中,翻译数量最多的是中译本,可以说,中国读者是加藤作品海外读者中人数最多、研读和思考最深入的。究其原因,一方面是中国读者对日本文化的兴趣,另一方面则是加藤在中国文化研究和中日文化交流等方面做的大量工作以及他跟中国知识界建立的长期友好关系。1971年,加藤周一随中岛健藏率领的日本中国文化交流协会访华团第一次来到中国,对当时的中国社会和文化产生了浓厚兴趣,经过实地考察和调研,回国后就发表了《中国往返》(中央公论社,1972年)。之后他多次来华访问,也热情接待赴日访学的中国友人。

中国社科院研究员叶渭渠曾于2000年10月30日在东京上野毛加藤宅邸与加藤周一有过一次重要的对谈。叶先生在谈话中指出，加藤提出的"日本文化的杂交种性"理论，强调了纯粹日本化和纯粹西方化都是不可能的，主张要切断这两种极端的恶性循环，整合传统文化的非民主主义与西方文化的民主主义的矛盾，构建日本文化与西方文化交流的良性循环体系，推动民主体制的建设，克服传统文化的封建性并使其再生。加藤先生在谈话中强调了中国文化对日本文化的决定性影响。他明确表示，日本文化虽说是杂交种文化，但从历史角度来看，日本文化是中国文化的周边，日本的文化大部分不是从日本本土发生的，不是从一开始就有日本文明体系，而是处在中国文明的周边的世界里，有它非常卓越的创造，尤其是在艺术方面。但从整体上说，日本还是属于中国文明的一部分，是中国文明体系中非常有意思的一个地域，但不是中心。他认为中心是黄河。在此次对谈中，两位先生还就当时美国学者塞缪尔·亨廷顿提出的"文明冲突论"交换了看法。加藤表示自己不同意亨廷顿的观点，他认为21世纪的文明，不可能是由一种文明统治所有文明，而应该是多种文明并存，尽管时而会有冲突或发生摩擦，但更多的是和平共处，是并存。人类将会共同创造新的文明、新的思想，这是人们所期盼的，就像伊斯兰教文明、基督教文明、中国文明。（叶渭渠《日本杂种文化与现代化——与加藤周一对谈录》，《日本学刊》2001年第1期）

如今21世纪即将走过四分之一，在这个知识的获取和技能的习得都变得轻而易举的时代，面对诡谲多变的世界局势和人文主义精神的日渐衰亡，如何做"一根会思考的芦苇"，而不是自我异化？加藤周一在日本文化批评中所坚持的独立精神和自由思想也许可以成为我们的镜鉴。

英国哲人弗朗西斯·培根曾说：思想是卷着的绣毯，语言是打开的绣毯。此次我用汉语打开《杂交种文化》这卷思想的绣毯，希望能为21世纪的读者展示20世纪日本文化巨匠加藤周一思想中针脚绵密的纹理、精巧别致的图式和机敏睿智的风格。若诸君能在阅读过程中受到思想的碰撞、获得智慧的启迪，进而知兴替、明得失，则幸甚至哉。